I0698688

L'INTRADAY POUR LES DÉBUTANTS 2024

Un guide étape par étape pour augmenter vos profits et construire un revenu passif avec les bons conseils, tactiques et plans d'action.

Copyright © 2024,

Tous droits réservés.

Table des matières

Introduction

La pratique du day trading, souvent appelée trading sur de courtes périodes, s'est répandue de plus en plus avec l'essor de l'accès à Internet. Instantanément, des entreprises facilitant le trading en ligne et la courtage ont vu le jour et ont attiré un nombre considérable de clients. Les personnes intéressées par les marchés financiers peuvent désormais trouver un travail à la fois intéressant et lucratif grâce à la facilité avec laquelle elles peuvent accéder aux marchés boursiers depuis le confort de leur foyer ou en sirotant un café local. Soudain, le mot "investisseur" a commencé à sembler désuet, et le day trading est devenu la nouvelle tendance. Plusieurs idées fausses ont émergé de la popularité croissante de l'idée selon laquelle on peut générer des revenus en restant devant un ordinateur. Avant d'aborder la stratégie de day trading, nous devons d'abord dissiper ces idées fausses. En matière de day trading, il n'existe pas de technique infaillible pour devenir riche du jour au lendemain : L'idée que le day trading n'est rien de plus qu'une machine à faire de l'argent est à la fois ce qui le rend le plus intéressant à considérer et ce qui égare la plupart des gens. Ce n'est pas du tout le cas. Beaucoup de gens pensent à tort que pour amasser une immense richesse, il leur suffit d'acheter et de vendre des actifs quotidiennement. Les traders amateurs qui rejoignent les marchés de manière naïve, écoutent les conseils d'amis, de collègues, de gourous de la télévision, voire même de couturières, et perdent leur chemise en conséquence de cette façon de penser, perdent une somme importante d'argent. Le trading sur les marchés financiers nécessite une connaissance approfondie de leur fonctionnement, une stratégie de trading méthodique et une patience importante. Il est erroné de penser que le day trading est aussi facile que de jouer à la loterie ou de parier dans les casinos. Il n'y a pas de place pour la chance ou le hasard lorsqu'il s'agit de gagner de l'argent dans une entreprise. Après des recherches approfondies sur l'entreprise et l'industrie, la décision d'accepter ce risque a été prise après une réflexion minutieuse. Vous devez avoir une compréhension approfondie des subtilités du day trading avant de pouvoir envisager d'en faire votre carrière ou votre principale source de revenus. Étudiez chacun des aspects qui jouent un rôle dans la détermination des résultats du day trading. Si vous voulez être un bon day trader, vous devez acquérir les compétences nécessaires de manière méthodique et étape par étape. Après tout, vous ne pouvez pas vous permettre de courir le risque de perdre de l'argent lorsque vous l'investissez pour augmenter vos profits. Le trading quotidien n'est pas un travail typique de 9 à 5 : L'idée que le day trading est similaire à un travail traditionnel de neuf heures du matin à cinq heures de l'après-midi est une autre idée fausse courante qui entraîne des pertes financières pour les traders amateurs. Ils partent du principe que vous commencez à trader dès l'ouverture des marchés (après être arrivé au travail à un horaire spécifique), que vous tradez tout au long de la journée et que vous clôturez vos positions dès que la cloche de clôture retentit (quittant le lieu de travail à une heure fixe). Les marchés financiers ne ressemblent en rien à un emploi de bureau typique. Le fonctionnement des marchés financiers et les composants qui les constituent, tels que les actions, les matières premières, les devises et les indices, sont impactés par une multitude de facteurs. Tous sont des instruments de day trading, et leurs prix sont influencés par divers événements d'ordre corporate, politique et financier. Dans le monde de la finance et des affaires, un terme est souvent utilisé. Le terme pour ce phénomène est la "volatilité du marché". Ce terme fait référence au comportement erratique qui peut être observé sur les marchés financiers. Dans le domaine du trading, des fluctuations peuvent se produire en quelques secondes, contrairement à la majorité des emplois de bureau qui vont de 9 à 5 et qui présentent très peu de "fluctuations" ou de mouvements rapides. Cette volatilité peut rendre malades ceux qui débutent dans le trading. Ces oscillations sauvages sur le marché boursier ne peuvent être maîtrisées qu'en ayant d'abord une compréhension approfondie du fonctionnement des marchés, puis en sachant comment trader en tenant compte de la volatilité inhérente. Lorsque vous commencez le day trading, il est important de garder à l'esprit que vous mettrez votre argent en jeu. Votre objectif doit être de recueillir autant de données que possible, étant donné que cela améliorera vos chances de réussite et réduira le risque associé.

Chapitre Un

Les subtilités du day trading N'oubliez jamais la première règle du day trading, qui est que vous ne devriez jamais laisser une transaction ouverte pendant la nuit, même si cela vous fait perdre de l'argent.

Mais pourquoi devez-vous suivre cette règle même si cela vous fait perdre de l'argent sur le marché ? N'est-ce pas le cas que gagner de l'argent est l'objectif principal du day trading ?

Le day trading est effectué dans l'intention de réaliser un profit, c'est correct. Cependant, conserver des actions volatiles pendant la nuit peut vous exposer à des pertes encore plus importantes le jour de trading suivant, bien que le day trading soit le moment où les actions volatiles brillent vraiment. Il est conseillé d'accepter des pertes plus petites sur des transactions journalières plutôt que des pertes plus importantes lorsqu'on cherche à conserver des actions de day trading pendant la nuit dans l'espoir d'une importante reprise des prix le jour de trading suivant.

Même si vous subissez des pertes en day trading, vous pouvez peut-être atténuer ces pertes en clôturant vos positions avant la fermeture du marché pour la journée. Il est de la plus haute importance de pouvoir sortir de positions avec un profit. Vous ne pensez pas que attendre jusqu'à demain vous permettra de gagner plus d'argent, n'est-ce pas ? Il est vrai que tenir deux oiseaux dans la main est préférable à en avoir trois dans les buissons.

Il est également essentiel de se rappeler que le trading et l'investissement ne sont pas du tout la même chose. Bien que le trading puisse être considéré comme un investissement, l'investissement traditionnel est davantage une approche "acheter et conserver" qui génère des rendements sur de nombreux mois, voire années. Le trading nécessite un laps de temps beaucoup plus court que d'autres formes d'investissement, le day trading ne durant que quelques heures au maximum et le swing trading ne durant que quelques mois au plus.

Les positions longues et courtes constituent chacune leur propre technique distincte.

Lorsque vous acquérez une sécurité financière, vous vous engagez à la détenir pendant une période significative. Lorsqu'un trader dit qu'il est "long" de 100 actions de la société Intel, cela signifie que le trader a acheté et détient actuellement cette quantité d'actions Intel.

Prendre une position longue sur une sécurité financière est fait dans l'intention de vendre les actifs à un meilleur prix ultérieurement. Vous devez vendre les titres que vous possédez pour clôturer une position longue.

Lorsque vous vendez une sécurité sans en être propriétaire, vous prenez une position courte sur cette sécurité. Lorsqu'un trader dit qu'il a vendu "à découvert" 100 actions de la société Intel, cela signifie qu'il a vendu les actions en espérant que le prix continuera de baisser, ce qui lui permettra de racheter les actions à un prix plus bas. C'est le même concept que d'acheter bon marché et de vendre cher, à la différence que "vendre cher" se produit plus tard dans le processus.

Comment allez-vous vendre quelque chose que vous n'avez pas, et pourquoi voudriez-vous le faire en premier lieu ?

Premièrement, passons en revue les raisons pour lesquelles vous avez vraiment besoin de le faire. La solution à ce problème n'est pas compliquée : profitez simplement des baisses de prix des actions. L'approche de trading typique consistant à acheter des actifs à des prix inférieurs et à les vendre à des prix supérieurs, qui a été expliquée précédemment, peut être considérée comme l'opposé de ce qui est affirmé ici. Si vous vendez des actifs à des prix élevés et que vous les rachetez à des prix réduits ultérieurement, vous avez la possibilité de gagner de l'argent même lorsque le marché est en baisse.

Alors, comment allez-vous faire cela ? Vous pourriez emprunter des actions à votre courtier, vendre ces titres, acheter ces titres lorsque leurs prix baissent, puis restituer les titres que vous avez empruntés à votre courtier. Cela dépendra de votre courtier et de votre admissibilité. Vous finissez par gagner de l'argent grâce à la vente à découvert dans le processus. Gardez à l'esprit, cependant, que la vente à découvert, tout comme les positions longues, comporte certains risques, dont celui que les prix augmentent plutôt que de diminuer. Dans ces circonstances, vous courez le risque de subir des pertes en trading.

Vous pouvez être perplexe quant à la raison pour laquelle les sociétés de courtage ou les bourses prêtent des actions à des investisseurs individuels dans le but de vendre à découvert plutôt que de vendre elles-mêmes les actions. C'est un très bon point à soulever. La majorité des courtiers, en fait, sont intéressés par des investissements à long terme dans divers types de valeurs. Pourquoi ? Pourquoi prendre le risque de transactions à court terme sur un marché qui descend alors qu'ils peuvent gagner de l'argent en le prêtant simplement à des clients qui veulent vendre à découvert et en facturant des frais pour ce privilège ? Ainsi, il y a des avantages pour tout le monde. Même lorsque les marchés se portent mal, les investisseurs à long terme peuvent encore réaliser un profit avec leurs avoirs en vendant à découvert ou en empruntant des actions.

Comparez les traders individuels avec les traders institutionnels.

Que travaillent-ils à temps partiel ou à temps plein, les traders individuels ne sont pas employés par une entreprise et ne gèrent pas l'argent d'autres personnes de quelque manière que ce soit. Ces commerçants sont responsables d'une part relativement faible du volume total des échanges.

D'autre part, les fonds spéculatifs, les fonds communs de placement et les banques d'investissement sont des exemples de traders institutionnels. Ces types de traders participent au trading à haute fréquence et utilisent des outils technologiques avancés. Le niveau actuel de l'engagement humain dans les opérations des sociétés d'investissement est assez faible. Les investisseurs institutionnels ont le potentiel d'être très agressifs lorsqu'ils sont soutenus par des analystes compétents et d'énormes sommes d'argent.

Vous pouvez vous demander comment quelqu'un de nouveau dans le jeu comme vous peut éventuellement rivaliser avec les plus grands joueurs à ce stade.

L'une de nos forces est que nous avons un haut degré d'autonomie et d'adaptabilité dans nos opérations. En raison de la réglementation, les négociateurs institutionnels sont tenus de trader. Les traders individuels, en revanche, ont une discrétion totale quant à leur participation ou non sur le marché lorsqu'il est dans un état instable.

Peu importe ce que fait le prix des actions, les traders institutionnels doivent rester engagés sur le marché et trader des volumes importants d'actions. Il est acceptable pour les traders individuels d'attendre sur la touche et de trader lorsque des opportunités de marché appropriées se présentent.

Malheureusement, la grande majorité des traders individuels n'ont pas les informations nécessaires pour déterminer quand il est optimal de trader et quand il est optimal d'attendre. Si vous voulez réussir en day trading, vous devez apprendre à maîtriser vos émotions et à développer votre patience.

En ce qui concerne le day trading, le plus grand obstacle pour ceux qui échouent n'est pas la taille de leur compte de trading ou l'absence d'équipement pertinent ; c'est plutôt un manque de discipline. La plupart des gens ont du mal avec leur gestion financière et s'engagent dans des transactions excessives. Le terme "technique guérilla" fait référence à une stratégie non conventionnelle de trading inspirée de la guérilla. Cette méthode a réussi pour certains traders individuels, et son nom provient du terme "guérilla warfare" (guérilla). Les guérilleros sont expérimentés dans l'utilisation de tactiques de guérilla telles que des raids, du sabotage et des embuscades pour exploiter un adversaire conventionnel plus visible et moins mobile. Ces tactiques incluent des embuscades, des raids et du sabotage.

Il est essentiel que vous ne perdiez pas de vue que votre objectif n'est pas de rivaliser avec les traders institutionnels. Au lieu de cela, vous devriez concentrer vos efforts sur l'attente de la meilleure opportunité pour gagner l'argent que vous souhaitez.

Si vous êtes un trader individuel, vous avez le potentiel de tirer profit des marchés volatils. Si les marchés continuent d'être relativement stables, il peut être difficile de réaliser un profit. Les connaissances, l'expérience et les ressources financières nécessaires pour parier dans de telles conditions ne sont détenues que par les traders institutionnels.

Vous devez vous éduquer sur la manière de choisir des actions de manière à vous permettre de prendre rapidement des décisions sur la manière de vendre à découvert ou d'acheter longtemps régulièrement. Le trading à haute fréquence, en revanche, est utilisé par les traders institutionnels, et ce type de trading leur permet de profiter même de très petites variations de prix.

D'un autre côté, les traders individuels recherchent des actions à fort potentiel, pour simplifier les choses. Ces actions ont souvent tendance à baisser lorsque les marchés se portent bien, mais elles ont tendance à bien performer lorsque les marchés se portent mal. Il est souvent prudent de continuer lorsque le marché dans son ensemble et les actions individuelles se déplacent dans la même direction. Assurez-vous simplement que les actions que vous tradez bougent pour des raisons autres que celles causées par les circonstances du marché.

Il y a de fortes chances que vous vous demandiez quel genre de déclencheur les actions nécessitent pour être adaptées au day trading.

Un exemple de catalyseur pourrait être l'offre de dettes : • Rachats d'actions • Il n'est pas rare que les actions soient divisées en plusieurs moitiés. • Les changements de direction sont courants. • Licenciements. • Restructuration • Gains et pertes importants en termes de contraction. • Partenariats/alliances. • Lancements majeurs de produits. • Consolidations par fusions et/ou acquisitions • La FDA émettra soit son autorisation, soit son désaccord. • Bénéfices inattendus. Gains.

Les traders individuels qui participent à des transactions de retournement choisissent souvent des actions qui se vendent à la baisse en raison de nouvelles négatives autour de l'entreprise. C'est parce que les traders individuels pensent que les transactions de retournement ont plus de chances d'être rentables. Lorsqu'il y a une baisse soudaine du cours des actions en raison de nouvelles négatives, de nombreux traders prendront note de la situation et commenceront à surveiller la société à la recherche de ce qu'on appelle un retournement du fond.

Comment pouvez-vous savoir quelles actions sont populaires parmi les investisseurs individuels qui souhaitent les acheter ? Il existe quelques stratégie

L'établissement de points d'entrée et de sortie est essentiel, mais les mettre effectivement en œuvre est d'une importance bien plus élevée, surtout s'il y a encore de l'argent à gagner. Un des obstacles les plus difficiles pour les traders d'options novices à surmonter est la croyance que chaque excellente transaction doit être exploitée au maximum. Puisque la vérité est qu'aussi longtemps que vous avez une stratégie de trading rentable en place, il y aura toujours plus de transactions lucratives à l'avenir, vous devriez être plus préoccupé par la protection du profit que le trade a déjà généré plutôt que de vous inquiéter pour un petit profit supplémentaire. C'est parce que la vérité est qu'aussi longtemps que vous avez une stratégie de trading rentable en place, il y aura toujours plus de transactions lucratives à l'avenir. Vous pourriez gagner un peu plus d'argent si vous ignorez ce conseil de temps en temps, mais les chances sont que vous perdrez beaucoup plus que ce que vous gagnerez lorsque les profits montent en flèche puis chutent avant que vous ne puissiez appuyer sur la gâchette de manière appropriée. Si vous avez encore du mal à comprendre cette idée, considérez ce qui suit : Trader des options ressemble plus à un marathon qu'à un sprint ; ainsi, les traders patients et réguliers sortiront toujours gagnants.

Ne vous donnez jamais une autre opportunité de réussir.s qui ont été utilisées avec succès par le passé.

Les scanners pour le day trading sont un excellent moyen de commencer. Les traders individuels s'intéressent aux actions qui ont connu des mouvements de prix considérables, soit dans la direction positive, soit dans la direction négative.

La deuxième étape consiste à chercher des groupes sur les réseaux sociaux et des communautés en ligne liés au commerce de détail. Twitter et Stock Twits sont d'excellents outils pour rester informé des actualités et autres événements en cours. Si vous suivez régulièrement des traders performants, vous pouvez apprendre de leurs stratégies. Il y a de nombreux aspects positifs à être membre d'une organisation de day trading.

Le sujet de discussion maintenant concerne les valeurs mobilières.

De nombreux investisseurs, traders et analystes concentrent leur attention sur les changements dans les indices boursiers ou les mouvements à des fins spécifiques. Ils le font parce qu'ils savent que la majorité des actifs financiers suivront, sauf raison contraire convaincante, la tendance générale des marchés dans lesquels ils sont négociés. Par exemple, la plupart des actions du NYSE augmenteront de prix lorsque le Dow Jones Industrial Average le fera, et vice versa. Cependant, il y aura toujours des exceptions qui, pour une raison quelconque, s'éloignent de la tendance générale pour atteindre un objectif particulier. Malgré la contraction de leurs marchés globaux, ils voient une croissance. Leurs cours d'actions baissent au moment où le marché boursier global montre des signes d'amélioration.

Ces titres sont appelés des valeurs "en jeu" car elles sont actuellement négociées. Ce sont les valeurs sur lesquelles vous devriez concentrer la majeure partie de votre attention si vous êtes un day trader individuel opérant sur le marché de day trading que vous avez choisi.

Si vous êtes intéressé par le day trading d'actions, vous devriez chercher des entreprises qui se négocient dans la direction opposée de la tendance dominante sur le NYSE ou le NASDAQ. Si des contrats à terme sont utilisés, ils seront en concurrence directe avec la grande majorité des autres arrangements comparables.

Vous comprenez ce que j'essaie de dire ? Bien sûr !

Quelles sont quelques-unes des explications possibles aux actions non sensées que prennent les valeurs en jeu ? Des résultats inattendus en termes de profits, d'entreprise ou d'économie, ainsi que des modifications importantes de la politique gouvernementale, pour ne citer que quelques exemples.

Une valeur mobilière n'est pas toujours une valeur en jeu simplement parce qu'elle évolue dans le sens opposé de la tendance générale du marché. Il devrait y avoir une explication à la raison pour laquelle le mouvement contraire se produit. S'il n'y a pas de valeurs en jeu, il est assez peu probable que ce soit le cas. Déterminez si le mouvement d'une valeur mobilière est attribuable au sentiment général du marché ou à une cause sous-jacente particulière. C'est un autre critère clé à garder à l'esprit lors du day trading, en particulier lors de la sélection de valeurs en jeu pour le day trading.

Il doit y avoir plus de recherche à faire. En tant que day trader novice, vous pourriez constater que vous devez effectuer un peu plus de recherches que ce à quoi vous êtes habitué. Lorsque vous aurez acquis une expertise suffisante en tant que day trader, vous pourrez déterminer si une valeur mobilière particulière suit simplement la tendance générale du marché ou se déplace pour une cause particulière.

Les day traders qui en font une profession sont appelés "day traders professionnels" et se considèrent comme des "day traders". Le day trading est parfois négligé comme une sorte de jeu récréatif ou comme un moyen d'obtenir un "high" du jeu. Vous allez presque certainement subir des pertes financières si vous ne comprenez pas le marché et les principes qui le régissent.

Pensez à vous-même comme à un professionnel formé.

Quand il est acceptable de s'écarter du script : Même si rester fidèle à votre plan de trading malgré le fait que vos sentiments vous disent le contraire est l'une des caractéristiques d'un trader réussi, cela ne signifie pas que vous êtes obligé de le faire en permanence. Sans aucun doute, il y aura des occasions où vous vous retrouverez dans une situation où quelque chose qui échappe à votre contrôle rend votre stratégie absolument inefficace. Vous devez avoir une conscience suffisante des défauts de votre plan ainsi que des circonstances changeantes du marché pour reconnaître quand suivre votre cours d'action prédéfini entraînera un échec plutôt qu'un succès. Distinguer quand une situation s'améliore et quand vos émotions tentent de prendre le contrôle demande des efforts, mais la simple prise de conscience qu'il y a une différence entre les deux est une avancée significative.

Évitez à tout prix les transactions exécutées hors de l'argent.

Il est vrai qu'il existe certaines techniques qui accordent une grande importance à l'achat d'options qui sont actuellement hors de l'argent ; cependant, ces stratégies sont l'exception plutôt que la norme en matière de trading d'options. Lorsque vous tradez des options basées sur des actions sous-jacentes, il est important de se rappeler que le marché des options est différent du marché boursier ordinaire. Étant donné que le marché des options n'est pas le même que le marché boursier, il n'est pas une stratégie pratique d'acheter bon marché et de vendre cher. Si un appel est hors de l'argent, il y a généralement moins de 10 pour cent de chances qu'il remonte à des niveaux acceptables avant la date d'expiration de l'option.

Cela indique que l'achat de ce type d'options relève davantage du jeu, et il existe d'autres moyens de parier avec des chances beaucoup plus en votre faveur que 10 pour cent.

Rappelez-vous votre première tactique, mais ne vous laissez pas trop y attacher : Cependant, cela ne signifie pas que c'est la seule technique dont vous aurez jamais besoin. Votre stratégie de trading principale doit être suffisamment flexible pour se modifier et s'adapter lorsque les conditions autour de vos habitudes de trading traversent une période de changement et de développement. De plus, à un moment donné, vous voudrez élaborer des plans supplémentaires spécifiquement adaptés à des conditions de marché particulières ou des stratégies distinctes qui ne s'appliquent que dans un nombre limité de scénarios hors de votre stratégie principale. Ces plans seront éventuellement nécessaires. N'oubliez pas que votre niveau de profit total sera bien plus élevé si vous commencez chaque journée de trading mieux préparé que la veille.

Utilisez la marge à votre avantage.

Si vous n'avez pas une aversion totale pour les risques, la stratégie la plus efficace pour tirer profit des transactions qui sont soudainement bénéfiques est d'utiliser un spread, ce qui protégera vos actifs existants tout en vous permettant de réaliser un profit. Pour utiliser un spread long, vous devez d'abord produire deux options : un call et un put, tous deux devant avoir le même actif sous-jacent, la même date d'expiration et la même taille de lot, mais des prix d'exercice sensiblement différents l'un de l'autre. Le call nécessitera un prix d'exercice plus élevé pour représenter la limite supérieure de vos gains, tandis que le put nécessitera un prix d'exercice plus bas pour représenter la limite inférieure de vos pertes. Ces deux prix sont appelés le "prix d'exercice". Parce que le faire par à-coups pourrait introduire d'autres composants dans la formule difficiles à compenser, il est essentiel d'acquérir les deux côtés d'un spread en même temps. N'entreprenez aucune action avant de déterminer d'abord comment le marché perçoit la situation :

Avant de commencer les transactions de la journée, il est important de faire une évaluation de la disposition du marché, même s'il est toujours idéal d'utiliser une stratégie de trading spécialement adaptée à ses propres besoins. Pour commencer, il est important de se rappeler que le désir général de tous les participants actuels du marché est tout aussi influent que quelque chose de plus spécifique, comme les nouvelles du marché. Gardez cela à l'esprit en permanence. Il est possible que les prix des services liés chutent même si les entreprises partagent des nouvelles encourageantes avec plusieurs médias, et que ces nouvelles se révèlent finalement moins positives que prévu.

Connaissez les chiffres quotidiens moyens qui sont typiques pour votre marché, et soyez à l'affût d'une baisse soudaine de ces chiffres si vous voulez avoir une idée claire de la manière dont le marché agit actuellement. Cela vous aidera à déterminer si le marché va dans la bonne direction. Même si on peut s'attendre à une ou deux journées de volatilité extrême, tout ce qui va au-delà devrait servir de signal d'alarme indiquant que quelque chose ne va pas. De plus, vous devez vous assurer que vous êtes constamment informé des activités des principales entreprises de votre secteur.

Avant de commencer à trader, il est vital d'avoir une stratégie d'entrée et de sortie bien définie en place, même si les risques sont très faibles. Trouver votre premier ensemble de points d'entrée et de sortie par vous-même, sans l'aide d'un professionnel, peut être difficile ; pourtant, il est essentiel de le faire avant de commencer à trader. Si vous commencez le jeu sans avoir une compréhension complète des règles et du terrain de jeu, il y a de fortes chances que vous finissiez par perdre tout votre argent. Si vous n'êtes pas sûr des restrictions à établir, commencez avec une paire de points qui ne sont pas spécifiques à quoi que ce soit en particulier et travaillez à partir de là.

L'établissement de points d'entrée et de sortie est essentiel, mais les mettre effectivement en œuvre est d'une importance bien plus élevée, surtout s'il y a encore de l'argent à gagner. Un des obstacles les plus difficiles pour les traders d'options novices à surmonter est la croyance que chaque excellente transaction doit être exploitée au maximum. Puisque la vérité est qu'aussi longtemps que vous avez une stratégie de trading rentable en place, il y aura toujours plus de transactions lucratives à l'avenir, vous devriez être plus préoccupé par la protection du profit que le trade a déjà généré plutôt que de vous inquiéter pour un petit profit supplémentaire. C'est parce que la vérité est qu'aussi longtemps que vous avez une stratégie de trading rentable en place, il y aura toujours plus de transactions lucratives à l'avenir. Vous pourriez gagner un peu plus d'argent si vous ignorez ce conseil de temps en temps, mais les chances sont que vous perdrez beaucoup plus que ce que vous gagnerez lorsque les profits montent en flèche puis chutent avant que vous ne puissiez appuyer sur la gâchette de manière appropriée. Si vous avez encore du mal à comprendre cette idée, considérez ce qui suit : Trader des options ressemble plus à un marathon qu'à un sprint ; ainsi, les traders patients et réguliers sortiront toujours gagnants.

Ne vous donnez jamais une autre opportunité de réussir.

Beaucoup de nouveaux traders d'options se retrouveront dans une situation où le meilleur moyen de récupérer une perte importante est de doubler sur l'action sous-jacente à son prix le plus récent, nettement plus bas, dans l'espoir de réaliser un profit en supposant que les choses vont s'améliorer, et de continuer à le faire jusqu'à ce que tout soit de nouveau complètement rentable. C'est le meilleur moyen de récupérer une perte importante car cela donne au trader l'opportunité de réaliser un profit en supposant que les choses vont s'améliorer. Bien qu'il puisse être difficile de renoncer à une action sous-jacente qui était précédemment très lucrative, doubler est presque toujours un choix imprudent et doit être évité à tout prix.

Que vous soyez dans une situation où vous n'êtes pas sûr si la transaction que vous êtes sur le point de faire sera bonne ou non, demandez-vous si vous prendriez la même décision si vous étiez aveugle. Si la réponse est oui, alors vous devriez procéder à la transaction. Vous devriez être en mesure d'apprendre tout ce dont vous avez besoin de savoir à partir de la réponse.

Vous aurez besoin du courage de vous raisonner et de réduire vos pertes autant que possible dans les circonstances actuelles si vous vous trouvez dans une situation où doubler semble être la meilleure alternative. Si vous pouvez couper vos pertes et passer rapidement à un autre trade qui a encore le potentiel d'être rentable pour vous, vous pourriez être en mesure de diriger vos efforts et vos ressources vers une autre transaction.

Il n'est pas nécessaire de prendre quoi que ce soit trop au sérieux.

En tant qu'être humain, nous avons une pulsion innée à établir des liens avec des choses inanimées, comme des actions individuelles et des paires de devises, en racontant des histoires à leur sujet. Cette tendance s'étend à toutes les formes de choses inanimées. En raison de cela, il est tout à fait normal d'établir un lien plus fort avec certaines transactions et même de envisager d'abandonner votre stratégie si l'une d'entre elles plonge. C'est l'une des raisons pour lesquelles il est tout à fait naturel de développer un lien plus fort avec des transactions spécifiques. Néanmoins, penser à quelque chose et agir en conséquence sont deux choses totalement différentes ; c'est pourquoi il est si important d'être conscient de ces inclinations pour les éviter à tout prix. Penser à quelque chose et agir en conséquence sont deux choses totalement différentes.

C'est un phénomène courant, et le résultat est le même à chaque fois, quelle que soit la direction dans laquelle progressent les transactions, qu'elles montent ou descendent. Si une entreprise est performante et ne montre aucun signe de ralentissement, vous pourriez vous sentir obligé de maintenir une transaction ouverte pendant beaucoup plus longtemps que vous ne l'auriez normalement envisagé. Cela pourrait être une erreur. Dans des circonstances comme celles-ci, il est préférable de vendre la moitié de vos actions, puis d'établir un nouvel objectif en fonction des faits les plus récents pour vous assurer que vous pourrez avoir le beurre et l'argent du beurre.

Vous ne prenez pas au sérieux les décisions que vous avez prises avec vos courtiers.

Étant donné qu'il y a tant de facteurs à prendre en compte, il est facile de comprendre pourquoi de nombreux traders d'options débutants choisissent simplement le premier courtier qu'ils trouvent et commencent à trader immédiatement. Cependant, le courtier que vous choisissez aura une influence significative sur l'ensemble de votre expérience de trading ; donc, faire le choix approprié est essentiel si vous voulez avoir la meilleure expérience possible pour vous. Cela indique que la première chose à faire est de creuser sous la surface de leur site web, conçu pour être attrayant, afin d'en savoir plus sur les services et produits qu'ils offrent. Gardez à l'esprit que même s'il est simple de créer un site web agréable à l'œil, il est beaucoup plus difficile de le remplir de contenu authentique lorsque vous avez l'intention de faire quelque chose de nuisible.

Cela nécessite, avant tout, de faire une enquête sur les performances passées de l'entreprise en matière de service client pour s'assurer que non seulement ils traitent leurs clients de manière acceptable, mais aussi que la qualité du service qu'ils fournissent est adéquate. Lorsque vous êtes en train de négocier une transaction, chaque seconde compte, donc si vous avez besoin d'aide de votre courtier, vous devez être sûr que vous parlerez à quelqu'un qui peut trouver une solution à votre problème dans le plus court délai possible. Appeler simplement et mesurer le temps qu'il faut pour qu'ils répondent au téléphone est la méthode la plus fiable pour déterminer la qualité de leur service client. Si vous devez attendre plus d'un jour ouvrable, vous devriez envisager de vous tourner vers un autre endroit car, s'ils ne sont pas intéressés par l'acquisition d'un nouveau client, imaginez simplement à quel point le service sera médiocre une fois qu'ils vous auront là où ils veulent que vous soyez.

Après vous en être occupé, la prochaine chose que vous devrez faire est de réfléchir aux coûts que le courtier facturera pour ses services en échange de ces frais. Étant donné qu'il n'y a pratiquement aucun contrôle sur ces prix, faire quelques comparaisons sera presque certainement rentable. En plus des frais, les minimums de compte et tous les autres coûts associés au retrait d'argent du compte sont également des éléments à prendre en compte. Trouvez un enseignant pour vous guider.

En ce qui concerne la transition d'un trader qui tâtonne sur le marché de temps en temps à un trader qui trade de manière rentable de manière constante, il y a seulement tant de choses que l'on peut apprendre seul avant d'avoir besoin de l'aide d'une tierce partie qui peut fournir une perspective objective pour s'assurer que vous suivez le bon chemin. Il se peut que vous connaissiez cette personne dans la vraie vie ou que vous l'ayez rencontrée sur Internet. La clé est de trouver une autre personne ou deux avec lesquelles vous pouvez échanger des idées et profiter de l'expérience des autres. Trader des options ne doit pas être une entreprise individuelle ; profitez de tous les outils qui sont à votre disposition.

Chapitre Deux

Les choses que vous devez savoir Avez-vous déjà pensé à vous lancer dans le day trading? Vous devez vraiment accorder une grande attention réfléchie à ce sujet.

Si vous n'êtes pas sûr de votre dévouement à une carrière de day trader, il est recommandé de vous poser les questions qui ont été présentées dans la section précédente. Vous devez être conscient que vous travaillerez de longues heures et que vous n'aurez pas de congés pour les vacances, car vous êtes votre propre employeur et travaillez pour vous-même. C'est quelque chose pour lequel vous devez être préparé, car vous travaillez pour vous-même.

Vous devez également vous assurer de ne pas être le genre de personne facilement stimulée émotionnellement. Cela va de pair avec le point précédent. Vous pouvez presque garantir qu'à un moment donné de votre vie professionnelle, vous commettrez une erreur financière liée à un investissement en bourse et finirez par perdre de l'argent. Cela peut arriver à n'importe quel moment, et il n'y a aucun moyen d'y échapper compte tenu de la conception du jeu, ce qui rend impossible de l'éviter.

D'autre part, si vous êtes une personne sentimentale qui subit une perte financière importante et devient ensuite triste, vous pouvez être assuré que vous prendrez de mauvaises décisions dans les jours et les semaines qui suivent. C'est parce que vous serez émotionnellement perturbé. Dans le même ordre d'idées, il y aura des moments où vous entrerez en possession d'une grande quantité d'argent, et il est tout à fait naturel de se sentir exalté et d'avoir le désir d'investir davantage et de produire plus. C'est parce qu'il est tout à fait naturel de se sentir exalté lorsque l'on entre en possession d'une grande somme d'argent. Le terme "avidité" fait référence à ce type de comportement, qui peut avoir des implications très négatives sur la vie de quelqu'un.

Vous devez être capable de garder votre calme et votre sang-froid face à l'adversité si vous voulez réussir en tant que day trader. Vous devez également être capable d'éliminer l'émotion du processus décisionnel, de suivre votre stratégie de trading et de garder les pieds sur terre. Si vous n'êtes pas ce genre de personne ou si vous ne parvenez pas à établir cette mentalité en vous, le day trading n'est généralement pas quelque chose dans lequel vous devriez vous engager.

Prendre en main votre situation financière actuelle Avant même de envisager de vous aventurer dans le monde du day trading, vous devez avoir une bonne compréhension de votre situation financière actuelle. Trader tout au long de la journée n'est pas quelque chose que vous devriez envisager de faire si vous avez des factures impayées ou d'autres engagements financiers à satisfaire avant de commencer à trader. Si le rendement que vous obtenez sur vos actifs n'est que de 5 %, vous serez financièrement dans le rouge si vous avez un prêt ou une carte de crédit avec un taux d'intérêt de 20 %, que le taux d'intérêt soit variable ou fixe.

Au lieu de cela, vous devriez vous assurer d'avoir satisfait à toutes vos obligations financières avant de commencer à organiser vos fonds. Cela doit être fait avant de commencer à faire des plans pour votre argent. Lorsque vous commencez à investir, vous découvrirez que cela vous aide non seulement à augmenter vos revenus, mais cela réduit également le montant des intérêts que vous devez payer sur vos factures de carte de crédit et autres types de dettes. C'est quelque chose que vous remarquerez dès que vous ferez votre premier investissement.

Lorsque vous avez atteint un stade où votre entreprise génère un profit, il est temps de commencer à envisager d'autres méthodes pour obtenir plus d'argent. Il s'agit de la quantité initiale d'argent que vous allez investir dans un investissement que vous avez décidé de faire. Il vous appartient entièrement de trouver une réponse à cette question étant donné qu'elle a une variété de réponses potentielles. Vous pouvez commencer par un petit investissement, comme 5 000 $, et éventuellement passer au day trading à temps plein. Avec le temps et l'accumulation de revenus supplémentaires, vous pourriez envisager de faire du trading votre emploi à plein temps.

D'un autre côté, vous pourriez être tenté d'économiser une grosse somme d'argent afin de quitter votre emploi et de commencer à investir immédiatement. Cependant, il n'est pas recommandé de le faire car vous n'aurez aucune expérience passée dans le domaine de l'investissement. Il est préférable de commencer à trader avec une somme modeste d'argent afin d'apprendre les ficelles du métier, puis d'élargir progressivement votre investissement à mesure que vous acquérez de l'expérience en trading. Cela est vrai même si vous avez une somme importante d'argent à votre disposition; cependant, il est préférable de commencer à trader avec une somme modeste d'argent. Si vous souhaitez trader à temps plein, Van Tharp, largement considéré comme l'un des meilleurs day traders au monde et auteur du livre "Trade Your Way to Financial Freedom", recommande d'avoir environ cent mille dollars disponibles pour commencer à trader. Si vous voulez réussir en day trading, vous devez vous assurer d'avoir toujours un solde de compte de trading proche de dix mille dollars.

Le dernier conseil financier sensé est de mettre de côté de l'argent dans un fonds d'urgence pour couvrir d'éventuels coûts imprévus. Cela nécessite l'ouverture d'un compte d'épargne, le dépôt d'une somme équivalente à trois mois de dépenses de vie sur le compte, puis de ne rien faire de plus avec l'argent.

Cela signifie qu'en tant que trader, vous aurez toujours cet argent à votre disposition comme filet de sécurité au cas où vous vous retrouveriez dans une situation financière difficile à n'importe quel stade du processus. Vous devez cependant vous rappeler que ce compte n'est pas destiné à être utilisé pour le trading ou l'investissement de quelque manière que ce soit. C'est très essentiel. Vous ne voulez pas vous retrouver dans une situation où il ne vous reste plus d'argent si vous traversez une série sérieuse de pertes et avez besoin d'argent pour prendre soin de vous et de votre famille. C'est le scénario catastrophe. Parce que vous voudrez éviter à tout prix un désastre financier, une chose que vous devriez faire est de vous préparer autant que possible.

Familiarisez-vous avec tout ce que vous devez savoir avant de commencer à trader des actions sur le marché boursier.

Si vous voulez être day trader, vous devez avoir une forte passion ou excitation pour le marché boursier, ou tout au moins le désir d'en apprendre davantage à ce sujet. Si vous n'avez pas l'une de ces choses, vous ne réussirez pas. C'est quelque chose qui ne devrait pas avoir besoin d'être explicitement déclaré, mais il est essentiel de le garder à l'esprit. Pour réussir dans le marché boursier, vous devez avoir une connaissance des heures pendant lesquelles le marché est ouvert aux échanges, ainsi qu'une compréhension des processus et systèmes qui composent le marché boursier.

Vous devez vous intéresser au créneau ou à l'industrie dans lesquels vous souhaitez trader, et vous devez en être passionné, car vous devrez suivre les actualités à ce sujet, lire des articles et des livres à ce sujet, passer du temps à regarder des interviews et à en apprendre davantage sur ces entreprises du marché boursier en termes de fonctionnement quotidien. C'est pourquoi vous devrez passer du temps à regarder des interviews et à en apprendre davantage sur ces entreprises du marché boursier. Si vous voulez réussir dans le trading, vous devez avoir un fort intérêt pour le marché ou l'industrie spécifique dans lesquels vous souhaitez vous engager, ainsi qu'un enthousiasme prononcé pour ce marché ou ce secteur.

Vous devrez également vous familiariser avec les actions, tant en termes de ce qu'elles sont et comment les trader, que avec les nombreuses autres options de trading disponibles, telles que les fonds négociés en bourse, les options, les contrats à terme et les fonds communs de placement. Cela est nécessaire pour que vous réussissiez sur le marché boursier. Même si nous passerons en revue chacun d'eux en très peu de temps dans le tableau qui suit, il est extrêmement important que vous consacriez du temps à en apprendre davantage sur chacun d'eux avant de mettre en œuvre une stratégie de trading ou d'investir dans l'un d'eux.

Actions. Lorsque la propriété d'une entreprise ou d'une autre organisation est divisée en actions individuelles, les actions individuelles de propriété sont appelées "actions". "Actions" sont la même chose que "parts". La proportion de propriété d'une entreprise représentée par une seule action peut être exprimée en fraction lorsque le nombre total d'actions de cette action est comparé au nombre total d'actions. Les ETF, qui signifient fonds négociés en bourse, sont un type de fonds commun de placement qui est négocié sur le marché boursier. En abrégé, ils sont appelés FNB. Le terme "FNB" peut être abrégé en "ETF", qui signifie le terme complet. Les fonds négociés en bourse, souvent appelés ETF, sont un type de véhicule financier qui fonctionne de manière assez similaire à celle des actions en ce sens qu'ils sont négociés sur les marchés boursiers et les bourses du monde entier. Les fonds négociés en bourse, souvent appelés ETF, sont un type d'indice composé d'une large gamme d'actifs et de titres. Ces actifs et titres comprennent des actions, ainsi que des fonds spéciaux et des fonds de matières premières.

Le mot "options" fait référence à un contrat qui donne à un seul acheteur le droit d'acheter ou de vendre un actif sous-jacent; cependant, cela ne signifie pas que l'acheteur est obligé d'acheter ou de vendre réellement l'actif. Le nom de ce type de contrat est une option. D'autre part, les options fourniront un prix qui doit être valide soit avant, soit à la date définie dans le contrat d'option. Ce besoin doit être satisfait pour que l'option soit considérée comme légitime. Un contrat à terme est un type de contrat qui se réfère à un arrangement légal impliquant l'achat et la vente de quelque chose à un prix fixe, à un moment spécifique et à une date précise. Le prix, le moment et la date de la transaction sont également spécifiés dans le contrat. Un autre nom pour les contrats dérivés est le terme plus courant de "contrats à terme". D'autre part, ces précautions seront considérées comme un avantage malgré le fait qu'elles seront dissimulées aux personnes concernées. Cela se produira même si elles restent secrètes.

Un fonds commun de placement, parfois abrégé en "FCP", est un type d'investissement qui peut être fait. Une façon de considérer les fonds communs de placement est comme des portefeuilles d'investissement gérés au nom de l'investisseur par un fournisseur de services financiers professionnel. Ces services ont pour objectif d'acquérir des actions, des parts et d'autres actifs, tels que ceux mentionnés dans ce tableau, en regroupant l'argent donné par plusieurs personnes différentes. Ce tableau contient des exemples d'actions, de parts et d'autres actifs.

Métaux précieux et or (et parfois d'autres métaux précieux) sont des actifs commerciaux pour le métal précieux qu'est l'or, conservé dans des banques du monde entier. D'autres métaux précieux peuvent également être inclus. L'or est le métal précieux ayant la plus grande valeur marchande.

Les E-Minis sont un type de contrat à terme qui suit le marché de l'indice boursier S&P 500. Ces contrats sont négociés électroniquement. La négociation de ces contrats se fait via Internet. En plus de ces noms, il est également souvent appelé l'E-Mini, l'ES, et simplement le Mini.

Cryptomonnaies. Il s'agit d'une expression large qui désigne le processus d'achat et de vente de cryptomonnaies sur différentes bourses dans le monde. Cette activité peut être effectuée de manière individuelle ou dans le cadre d'une transaction de groupe en fonction de vos préférences.

La pratique d'acheter et de vendre des devises à l'échelle mondiale par le biais de l'échange d'une devise contre une autre et de continuer à trader de cette manière est appelée change, ou forex en abrégé. Cette pratique est également souvent appelée forex.

Mettez votre expertise en matière de budget personnel et de planification financière à l'épreuve ici.

Avant même de penser à être prêt à trader des actions, vous devez réfléchir à la façon dont vous êtes capable de gérer efficacement votre propre argent. Bien que cela soit la toute dernière chose sur la liste, ce n'est en aucun cas la moins importante. Si vous vous félicitez actuellement de la manière dont vous gérez vos finances et que vous pensez "oui, mes compétences en gestion financière sont excellentes", prenez du recul et réfléchissez aux moyens par lesquels vous pourriez améliorer vos compétences dans ce domaine. Parce qu'il y a toujours place à l'amélioration et parce qu'il y en aura toujours, vous voudrez et aurez besoin de ces améliorations si vous souhaitez devenir day trader.

Tenez compte des répercussions. Combien d'argent avez-vous l'intention d'investir au début si vous disposez d'un capital de départ de cent mille dollars et que vous utilisez une stratégie éprouvée ayant un taux de réussite de soixante pour cent? Que se passe-t-il si vous réalisez quatre transactions et qu'aucune d'entre elles ne vous est favorable, et que vous finissez par perdre de l'argent par conséquent? Si vous deviez investir votre argent, où obtiendriez-vous le meilleur rendement sur votre investissement?

Lors de toute forme de trading, il est généralement conseillé de commencer avec un petit investissement et d'augmenter progressivement au fil du temps. Cela s'applique à la fois au trading en ligne et hors ligne. Votre première transaction ne devrait pas consister à acquérir une action d'une valeur totale de cent mille dollars en espérant le meilleur. Ce n'est pas une approche intelligente et devrait être évité à tout prix. Il est concevable que cela puisse être lucratif, mais si vous prenez ce genre de risque avec votre tout premier investissement, vous pouvez parier que cela vous coûtera cher à l'avenir. Il est possible que cela puisse être rentable. En plus de vos talents en matière de gestion d'argent, vous devriez faire de la construction de votre capacité à prendre du recul et à prendre des décisions d'une position de force une priorité. C'est quelque chose sur lequel vous devriez vous concentrer. Vous devez être capable de prendre des décisions éclairées concernant les nombreuses options d'investissement qui s'offrent à vous, ainsi que sur la manière de gérer efficacement les fonds que vous avez mis de côté spécifiquement pour vos investissements. Si vous êtes excellent dans la gestion de vos finances, vous avez toujours la possibilité de gagner une somme considérable d'argent même si le taux de réussite de votre approche n'est que de trente pour cent. C'est parce que vous avez la possibilité de gagner de l'argent même si votre stratégie échoue 70 pour cent du temps.

Si vous avez toutes ces parties de votre vie en place et avez fait les préparatifs nécessaires, vous serez un pas de plus vers le début d'une carrière de day trader. Avant d'entrer dans le vif du sujet de ce que vous devez faire et de commencer à investir, il y a une chose de plus dont nous devons parler, et c'est comment établir votre attitude de day trader.

Votre décision de participer au trading soulève la question : pourquoi ? C'est vraiment simple : la seule raison de s'engager dans le trading est d'augmenter sa position financière. Pourquoi tradez-vous ? Alors que notre discussion touche à sa fin, je tiens à attirer votre attention sur quelque chose de très important que vous devriez garder à l'esprit. Même si la réponse "gagner de l'argent" peut sembler claire, voire évidente, la plupart des individus continuent de trader pour de mauvaises raisons, même s'ils savent que c'est une erreur. Ils peuvent être sous l'impression que le trading les aidera à gagner de l'argent, mais il est évident, d'après les actes qu'ils posent, qu'ils ont d'autres objectifs en tête. Ne perdez jamais de vue le fait que vous-même êtes l'indication la plus importante. Si vous êtes vraiment déterminé à réaliser un profit grâce au trading, la question suivante qui se posera inévitablement est comment... Comment atteindre exactement un tel objectif tout en travaillant dans l'industrie du trading ? La solution consiste à effectuer des transactions commerciales tout en respectant les directives et les limitations données par une stratégie de trading définie à l'avance. Une technique de trading ayant un historique de rentabilité peut vous aider à développer des capitaux propres sur votre compte même si vos gains et pertes sont complètement soumis au hasard. Elle vous donne quelques lignes directrices à suivre, que vous pouvez ensuite vous-même démontrer. Lorsque vous tradez dans le but de générer de l'argent, évitez de conclure des transactions aléatoires qui ne font pas partie d'une stratégie de trading que vous avez élaborée à l'avance. Ce n'est en aucun cas comparable à l'autre option. Pourquoi ? Nous sommes des commerçants, après tout. C'est l'un des domaines où nous excellons le plus. Nous sommes actuellement ouverts aux opportunités commerciales. Que se passe-t-il si vous finissez par remporter une transaction grâce à un coup de chance ? N'y a-t-il pas encore une autre transaction à réaliser ? Votre approche de trading éprouvée vous procurera un avantage sur d'autres traders, ce qui est la première étape essentielle pour réaliser un profit. Parce que les transactions aléatoires ne peuvent pas révéler si vous avez un avantage car elles sont aléatoires, vous ne saurez pas si vous aviez un avantage avant l'événement, moment auquel vous découvrirez très probablement que vous n'aviez pas d'avantage. Cela est dû au fait que les transactions aléatoires ne peuvent pas révéler si vous avez un avantage car elles sont aléatoires. Après ce point, il n'y aura plus d'options. C'est le principal facteur qui contribue à l'exagération démesurée des rapports. Si vous voulez réussir dans le trading, vos comportements doivent montrer que vous prenez cette entreprise au sérieux et que vous êtes déterminé à réaliser un profit. Dans le cas où ce n'est pas le cas, il est probable que vous traitez pour des raisons que vous ne comprenez pas entièrement. Vous êtes en relation avec eux pour des raisons que vous ne comprenez pas entièrement. Vous allez devoir résoudre ce problème si vous voulez comprendre la véritable motivation derrière le trading, qui est de générer des revenus pour soi-même. Si vous ne faites rien, le marché vous fournira autre chose, que vous n'aimerez presque certainement pas. Si vous ne faites rien, le marché vous fournira autre chose. L'acte de contrôler les risques potentiels est ce qui est censé être appelé "gestion des risques." Parce que l'objectif de tout trader réussi est de réaliser un profit, si vous voulez être un trader compétent et également réussi, vous devez acquérir les compétences nécessaires pour gérer efficacement les risques associés à votre trading et protéger les profits que vous réalisez. Votre niveau de succès en tant que trader sera lié, dans une relation directe et inverse, à la manière dont vous pouvez gérer efficacement les risques qui sont impliqués.

Préparez-vous à être étonné, car je vais partager avec vous des idées et des tactiques de gestion des risques faciles à comprendre mais incroyablement puissantes. Préparez-vous à être impressionné.

Élaborez un plan de trading pour vous-même. On rapporte que Sun Tzu, un stratège militaire chinois, aurait déclaré un jour : "Chaque bataille est gagnée avant d'être livrée." Cette citation célèbre peut être interprétée comme suggérant que la préparation minutieuse et la réflexion stratégique revêtent la plus grande importance dans le monde des affaires. Il est impossible de négliger la nécessité de tout préparer à l'avance. Un adage chinois ancien donne le conseil : "Planifiez la transaction et effectuez la transaction selon le plan", qui peut également être exprimé comme "planifiez la transaction et effectuez la transaction selon le plan". Votre niveau de préparation déterminera la réussite ou non de votre transaction commerciale ; un trader expérimenté n'entrerait jamais dans une transaction sans l'avoir d'abord soigneusement planifiée, ce qui inclurait l'identification des pertes futures possibles, l'évaluation des risques potentiels et la reconnaissance des gains futurs possibles.

Votre plan doit être assez flexible pour être mis à jour en réaction aux fluctuations du marché, et votre niveau de tolérance au risque doit y être incorporé. Une stratégie devrait être rédigée de manière simple et basique. Pour avoir une bonne stratégie de trading, vous devrez effectuer les actions suivantes :

- Faire l'inventaire de vos compétences et talents. Vous devriez être capable de faire une évaluation honnête de vous-même dans ce domaine afin de pouvoir évaluer si vous êtes prêt à participer au trading. Vous devez vous poser une question très essentielle, qui est "Êtes-vous prêt à trader ?" pour vous préparer correctement à cette situation. Dans quelle mesure croyez-vous qu'un certain marché continuera à prospérer ? Avez-vous testé votre technique en échangeant de l'argent fictif pour voir comment elle se comporte ? (Le trading virtuel est une méthode pour s'entraîner à acheter et vendre sans avoir à risquer de l'argent réel ; il est souvent réalisé à l'aide de plates-formes de trading en ligne telles que Paper Money et Investopedia.) Dans quelle mesure êtes-vous certain que votre méthode sera efficace lorsqu'elle sera mise en œuvre dans des conditions de trading réelles ? Êtes-vous prompt à reconnaître et à réagir aux indications que vous vous donnez ?

Il est impossible de surestimer l'importance de se préparer mentalement. Si vous voulez être un bon trader, vous devez vous assurer que vous êtes émotionnellement et mentalement prêt pour les responsabilités qui vous attendent, ainsi que pour tout événement qui pourrait survenir et tout changement qui pourrait se produire sur le marché. Si vous voulez être un bon trader, vous devez vous assurer que vous êtes émotionnellement et mentalement prêt pour les responsabilités qui vous attendent, ainsi que pour tout événement qui pourrait survenir et tout changement qui pourrait se produire sur le marché. Vous devez faire tout en votre pouvoir pour vous assurer que votre espace de trading est aussi exempt d'interruptions que possible. Si vous n'êtes pas émotionnellement capable de fonctionner normalement, accordez-vous une journée de congé, trouvez quelque chose qui vous détend, et assurez-vous de faire de l'exercice. Le trading nécessite un grand niveau de travail mental ; ainsi, s'engager dans des activités de ce type contribue à maintenir votre cerveau en forme pour le prochain défi. Vous devriez vous préparer un mantra du marché avant de commencer à trader pour la journée. Un mantra du marché est un terme ou une phrase unique qui vous met dans l'état d'esprit de trader.

Choisissez un niveau de risque. La réponse à cette question vous dira quel pourcentage de vos actifs vous devriez risquer dans une transaction. Votre portefeuille d'investissement est composé d'une grande variété d'actifs, y compris des liquidités, des matières premières et des équivalents de trésorerie, en plus des avoirs financiers tels que des actions, des obligations et des devises. Cela dépend de votre style de trading et de votre confort à prendre des risques ; mais, lors de n'importe quelle journée de trading donnée, cette proportion de votre portefeuille devrait être entre 1 % et 5 %. Si vous perdez une partie de votre argent en une seule journée, vous devriez sortir du marché dès que possible et mettre votre argent de côté jusqu'à un moment plus favorable sur le marché.

Prenez en considération la règle du un pour cent. Selon la règle du un pour cent, vous ne devriez jamais investir plus d'un pour cent de votre argent ou de votre portefeuille dans une seule transaction ou un seul marché. Cette règle suggère que vous ne devriez jamais investir plus d'un pour cent de votre argent dans un seul marché. Cela signifie que vous ne devriez pas investir plus de 100 $ dans une seule transaction même si vous avez 10 000 $ disponibles sur votre compte de trading à un moment donné.

Les traders qui ont un solde de compte inférieur à 100 000 $ sont ceux qui utilisent le plus souvent cette stratégie. D'autres participants au marché peuvent décider d'augmenter le taux jusqu'à 2 pour cent. Cela dépend vraiment de votre position dans les classements et de la somme d'argent que vous avez sur votre compte. La marche à suivre la plus prudente serait de maintenir la règle à 2 pour cent ou moins.

Établissement des points de profit et de stop-loss Un point de stop-loss est atteint lorsque le trader prend la décision de vendre une action à perte afin de protéger son portefeuille global. Le trader se retrouve souvent dans cette situation lorsque sa position sur le marché ne se déroule pas comme prévu. La valeur marchande de l'action chute significativement en dessous des attentes fixées, ce qui pousse le trader à la vendre avant qu'elle ne chute davantage.

Le point de prise de profit fait référence au prix auquel un trader vendra une action afin de réaliser un profit sur la transaction. Lorsqu'une période de consolidation approche, les traders vendent souvent leurs positions.

Comment améliorer l'efficacité de vos points de stop-loss Les positions de stop-loss nécessaires pour réaliser un profit sont générées grâce à l'utilisation de l'analyse technique, mais la recherche fondamentale est parfois également utile. Les lignes de tendance de résistance peuvent être utilisées pour déterminer où placer les ordres de stop-loss et les niveaux de prise de profit. Cela est réalisé en reliant et en comparant les hauts et les bas précédents.

Vous devriez essayer de couvrir vos paris en diversifiant vos actifs. La couverture et la diversification sont similaires au vieil adage qui conseille de ne pas mettre tous ses œufs dans le même panier. Si vous choisissez d'investir tout votre argent dans une seule action, vous vous exposez à un risque important. Par conséquent, vous devriez diversifier les investissements de votre portefeuille. Il est possible que vous ayez besoin de couvrir une position spécifique à un moment donné en raison de l'état du marché boursier.

Vous devez être capable de juger quand il est approprié de rejoindre une transaction et quand il est temps de s'en retirer. Un ordre de stop-loss est un type d'ordre qui peut aider les traders à limiter leurs pertes. Il est préférable d'avoir tout prêt à l'avance.

Risques du day trading Avant d'entrer sur le marché, vous devez avoir une compréhension solide de la myriade d'inconvénients potentiels afin de devenir un trader réussi. Les risques ont été répartis dans les catégories suivantes : Risques de marché Il est essentiel à votre succès que vous ayez une compréhension solide des tendances du secteur industriel. Si vous êtes capable de suivre les mouvements du marché à la hausse et à la baisse, en plus des risques associés, vous pourrez mieux préserver vos bénéfices. Voici quelques exemples de risques de marché : Il y a un potentiel d'inflation. Lorsqu'il est impossible de prédire la valeur d'un investissement à l'avenir, il s'agit d'un exemple d'inflation. En revanche, la déflation peut entraîner des rendements et une rentabilité accrus pour votre entreprise. Les influences inflationnistes conduisent souvent à une réduction des revenus et des bénéfices attendus. Cela suggère également que la demande d'actions et de matières premières augmentera proportionnellement à leurs prix croissants. En conséquence, vous devez vous assurer que votre stratégie prend en compte d'éventuels changements sur le marché.

Une source de préoccupation est la liquidité. Cela indique à quelle vitesse vous pouvez réaliser un profit en vendant votre investissement. Si la commercialisation ou la promotion de votre entreprise rencontre une résistance ou un retard, votre marché cible sera peu utile. Si vous investissez dans une petite entreprise dont les actions ne sont pas cotées sur l'une des grandes bourses, vous courez le risque de voir votre argent partir en fumée. L'échange de devises est plein de dangers. Lors des transactions avec des pays étrangers, vous rencontrerez souvent des situations où les valeurs de votre monnaie locale et de la monnaie de votre partenaire commercial international différeront. Même si la valeur de votre action ou de votre investissement augmente, vous pouvez quand même perdre de l'argent en raison de la disparité des taux de change entre les deux nations. Dans le cas où la valeur de votre monnaie nationale diminue par rapport à la valeur de l'autre monnaie, le rendement de votre investissement peut être assez élevé.

Risques liés à l'investissement Cela concerne votre gestion des finances ainsi que la manière dont vous entrez et sortez des transactions. Les deux types de risques sont les suivants : Les dangers liés à la non-saisie des opportunités. Parce que votre argent est déjà investi dans votre entreprise actuelle, prendre ce type de risque d'investissement vous empêche d'investir dans d'autres entreprises qui pourraient offrir un rendement plus élevé sur votre argent. Vous manquerez de nombreuses opportunités intéressantes parce que votre argent est retenu par quelqu'un d'autre.

Risques liés à la concentration Cela se produit lorsque quelqu'un investit tout son argent et tout son travail dans une seule transaction, dans l'espoir de croire qu'il a identifié la transaction qui ferait de lui un milliardaire. En conséquence, vous mettez tous vos actifs en jeu et vous exposez à la possibilité de tout perdre si l'un des dangers potentiels qui pourraient survenir pendant la transaction se matérialise.

Prise de risques Les swing traders sont souvent exposés aux risques liés au trading, ce dont tout trader devrait être conscient. Vous devez en être conscient car, pour paraphraser un adage bien connu, "le savoir, c'est le pouvoir". Vous aurez plus de contrôle sur les menaces potentielles qui pourraient survenir à l'avenir en faisant cela. Voici une liste de certains des risques les plus couramment rencontrés liés au trading : Il y a une possibilité de glisser. Ce risque met en lumière la possibilité que le trader puisse encourir des frais cachés à chaque transaction qu'il effectue. Une petite somme d'argent sera prélevée sur votre compte chaque fois que vous participez à une transaction ou en laissez une en cours, respectivement. Vous devez également être conscient que le prix demandé est toujours inférieur au prix offert lorsque vous achetez une action au prix demandé, qui est le prix le plus bas disponible pour l'action que vous souhaitez, et que vous la vendez au prix offert, qui est le prix le plus élevé que quelqu'un est prêt à payer pour vos actions. Si vous achetez une action au prix demandé, le prix le plus bas disponible pour l'action que vous souhaitez, et que vous la vendez au prix offert, le prix le plus élevé que quelqu'un est prêt à payer pour vos actions, le prix demandé est toujours Lorsque vous commencez à trader, le montant total de chaque transaction peut ne pas vous sembler important. Cependant, à mesure que vos compétences en trading s'amélioreront, le montant d'argent que vous perdrez augmentera inévitablement.

Il y a une chance d'une exécution médiocre. Ce risque se matérialise dans le cas où votre courtier ne peut pas finaliser votre transaction en raison de circonstances de marché volatiles, d'une disponibilité limitée d'actions ou d'une absence d'autres acheteurs et vendeurs sur le marché. Dans le cas où cela se produit, la transaction sur actions que vous avez demandée peut ne pas avoir lieu, ou votre ordre peut ne jamais être exécuté.

Il y a une chance qu'il y ait un fossé. Il est possible qu'une action commence à être négociée à un prix beaucoup plus élevé ou plus bas que le prix auquel vous avez quitté une position, et qu'elle continue à être négociée à ce prix. Cela se produit lorsque vos transactions incluent des écarts de prix. Par exemple, le prix d'une action peut passer de 35 $ aujourd'hui à 30 $ demain au début des transactions. Si votre prix cible est de 34 $, il y a de fortes chances que votre achat soit effectué au prix de départ. Bien que les cas de ces dangers soient rares, ils ont néanmoins le potentiel de poser des problèmes à la plupart des traders. Les risques indiqués ci-dessous sont des risques supplémentaires. Événements

"Cygne noir" Les menaces de ce genre peuvent survenir de manière inattendue. Elles sont difficiles à prévoir. C'est une sorte de risque énorme avec un impact important sur le marché.

Risque non distribué. Vous courez le risque que cela se produise lorsque vous "mettez tous vos œufs dans le même panier". Il est célèbre pour être difficile à éviter et à anticiper, car les marchés peuvent avoir un impact sur lui. Éviter de tout perdre d'un coup est l'une des principales motivations pour les traders et les investisseurs de diversifier leurs actions et leurs actifs.

Discipline. En raison des hauts et des bas qu'ils connaissent sur le marché, les émotions et l'humeur des traders sont souvent confuses lorsqu'ils font du day trading. Cela contraste avec la personnalité assurée que la plupart des traders affichent avant l'ouverture des marchés, ravis à l'idée de l'argent et des gains qu'ils anticipent. Lors du trading, les émotions peuvent obscurcir votre jugement et rendre difficile la prise de décisions judicieuses. Plutôt que d'être effectué sans émotion, le day trading doit être effectué avec l'état d'esprit d'un trader. Vous devriez être capable de les éviter et d'en profiter. Que vos salaires augmentent ou diminuent, vous devriez toujours être calme, logique et lucide. Cela ne signifie pas que vous devriez ignorer vos émotions en tant que trader.

Gourmandise. Un trader peut être inspiré pour gagner plus d'argent s'il examine ses soldes de compte et réalise qu'ils sont bas. Bien que la volonté de travailler dur soit louable, certains traders se surexposent dans leur quête de gagner beaucoup d'argent rapidement. Ils commettent des erreurs de trading qui ont l'effet contraire du résultat souhaité. Prendre des risques inutiles et dangereux. Dans le but d'aider le trader à atteindre un certain objectif financier sur le compte de trading, la cupidité pour plus d'argent cherchera à le persuader de prendre des risques inutiles. Des pertes vont très probablement en résulter. Les traders risqués pourraient utiliser un effet de levier important parce qu'ils pensent que cela les aiderait, mais cela pourrait entraîner de grosses pertes.

Effectuer une surtransaction. Un trader peut trader pendant de longues périodes dans le but d'augmenter ses profits. Ces stratégies sont souvent improductives car elles placent un trader dans une situation où la cupidité pourrait anéantir son compte en surtradant à travers les pics et les creux du marché. Trader sans prendre en compte l'heure de la journée ou sans faire une étude approfondie se terminera presque toujours par une perte.

Compréhension insuffisante des gains et des pertes. Un trader abandonnera une position profitable jusqu'à ce que le marché s'inverse, effaçant tous les bénéfices, car il veut gagner beaucoup d'argent rapidement.

Peur. La peur peut agir comme une mesure préventive à la fois contre la surtransaction et le profit excessif, agissant des deux manières. Un trader peut fermer une position par peur pour arrêter une perte. Un trader peut fermer une transaction trop rapidement par crainte que le marché ne bascule et entraîne des pertes, même s'il connaît une série de gains.

La peur est le facteur motivant dans les deux situations, cherchant à prévenir à la fois l'échec et le succès en même temps. L'anxiété de l'échec. Un trader peut être empêché de faire des transactions par la peur de perdre de l'argent sur le marché et peut choisir de rester en retrait et d'observer la croissance et les cycles du marché à la place. La peur de perdre de l'argent entrave le succès du trading. Un trader est incapable de conclure une transaction potentiellement avantageuse en conséquence. La crainte d'atteindre le succès. Lorsqu'une opportunité se présente, un trader qui adopte une approche de trading basée sur la peur perdra de l'argent sur le marché. Il se comporte de manière autodestructrice face à la pression du marché. Parce que ces traders craignent de gagner trop d'argent, ils permettent aux pertes de se poursuivre même s'ils sont conscients de leurs actions et des pertes possibles. Le trading est truffé de biais. Un trader peut développer toute une série de biais de marché en raison du jeu émotionnel, que les traders doivent éviter. Ces biais psychologiques de trading peuvent amener un trader à prendre des décisions impulsives et mal réfléchies qui leur coûtent de l'argent. Vous devez être conscient de vos émotions en tant que trader et développer des stratégies pour les contrôler afin de pouvoir garder la tête froide dans votre fenêtre de trading, même lorsque vos biais de trading sont mis en avant. La surconfiance est déformée. Lorsqu'ils réalisent un grand profit sur une transaction, les traders ressentent souvent le plaisir de gagner. Cela est particulièrement vrai pour les traders novices. Vous voulez continuer à trader parce que vous êtes convaincu que votre analyse, qui influe finalement sur vos gains, ne peut pas être erronée. Ce n'est pas le cas et ne devrait pas l'être. Vous ne pouvez pas être si sûr de vos compétences analytiques que vous pensez que vous gagnerez toujours. Le marché est imprévisible, donc les cartes peuvent changer à tout moment. Si elles le font, le trader trop confiant et euphorique sera déçu. Biais confirmé dans les transactions Le biais de confirmation d'une transaction existante qui la justifie est un aspect de la psychologie du trading qui fait perdre beaucoup de temps et d'argent aux traders. La prévalence de ce préjugé est plus élevée chez les traders expérimentés. Après avoir conclu une transaction, ils reviennent pour l'examiner et l'analyser dans le but de démontrer que c'était le choix approprié et qu'ils ont navigué en fonction des circonstances du marché. Ils passent beaucoup de temps à chercher des faits qu'ils connaissent déjà. Ils peuvent également démontrer la sagesse de leur choix en commençant une mauvaise transaction et en faisant une mauvaise manœuvre. Se concentrer sur des stratégies obsolètes a un biais. Ce type de biais dans la psychologie du trading touche les traders qui dépendent fortement d'informations obsolètes et de méthodes de trading plus nuisibles que bénéfiques à leurs performances de trading. S'appuyer sur des informations précises mais obsolètes peut entraîner des pertes de trading, ce qui est un revers pour les traders qui sont toujours trop paresseux pour rechercher des informations fraîches sur le marché. L'un des éléments les plus importants d'une carrière réussie dans le trading est de suivre les événements actuels et les variables qui pourraient avoir une influence sur le marché. Biais de prévention des pertes Le trading dans le but d'éviter les pertes est souvent motivé par la peur. Les stratégies de trading et les fenêtres de trading de certains traders sont influencées par leur peur de perdre de l'argent. Les gains et les profits ne sont pas des motivateurs lorsque les individus sont empêchés de commencer des interactions potentiellement lucratives par peur. Ils mettent également fin aux transactions trop tôt, même lorsqu'elles sont rentables, pour réduire les pertes potentielles. La psychologie du trading influence le comportement de trading. Les habitudes, erreurs et techniques gagnantes d'un trader sont influencées par des facteurs psychologiques. Voici une explication des habitudes défavorables que de nombreux traders développent en raison de l'impact de la psychologie sur leur comportement. Trader sans stratégie est une entreprise risquée. Un trader aurait des difficultés sans une stratégie et un plan de trading car il n'y aurait aucune méthode pour atteindre le résultat souhaité. Un trader devrait élaborer un plan solide à utiliser comme guide s'il découvre un problème sur le marché. Il devrait s'agir d'une stratégie bien pensée qui spécifie quoi faire dans différentes circonstances et quelles tendances de trading utiliser. Trader sans plan revient à faire faillite. Aucun plan de gestion financière n'est en place. L'un des éléments les plus importants du trading est les tactiques de gestion de l'argent, et la croissance des transactions ouvertes est impossible sans des techniques efficaces de gestion de l'argent. Pour effectuer des transactions et gagner de l'argent en tant que trader, vous devez suivre des règles très spécifiques sur la façon d'utiliser l'argent sur votre compte. Une volonté constante d'avoir raison. Certains traders échangent constamment contre le marché pour exprimer leur souhait que le marché se comporte d'une certaine manière. Ils ne font pas d'analyse approfondie ou n'essaient pas d'avoir raison de manière constante ; au contraire, ils suivent leur propre idéologie plutôt que le signal du marché. Les Effets Négatifs des Habitudes Psychologiques : Élaborer un ensemble clair d'objectifs. Un trader qui a une vision de sa carrière de trading plutôt que de trader simplement pour trader bénéficierait d'avoir une vision de sa carrière. Fixer des objectifs par écrit peut également aider un trader à se sentir plus en confiance. Dans le marché, utiliser un plan bien pensé est une tactique gagnante. Élaborer des Règlements de Trading La mise en place de la discipline de trading est facilitée par les règlements du trader. Vous devriez établir des règles de trading qui spécifient quand vous commencez et arrêtez de trader ainsi que si vous tradez quotidiennement, hebdomadairement ou pendant n'importe quelle fenêtre de trading que vous souhaitez. La pierre angulaire d'un trading réussi est de savoir quand sortir d'une transaction perdante et quand fermer une transaction gagnante.

Création de Stratégies de Gestion Monétaire à Partir de Zéro Avoir une stratégie financière ne suffit pas ; vous devez aussi les mettre en œuvre. Les stratégies de gestion monétaire sont vitales pour garantir que la rentabilité d'un trader passe en premier, même en tenant compte du risque de perte. Utilisez la technique monétaire pour éviter de trader précipitamment et émotionnellement.

Chapitre Trois

Que Trader Sans aucun doute, le type d'investissement le plus populaire est celui des actions. Elles conviennent aussi bien aux investisseurs inexpérimentés qu'aux investisseurs chevronnés. Examinons comment choisir et acheter les bonnes actions.

1. Choisissez le domaine d'activité de l'entreprise. Vos hobbies et votre expérience passée doivent être pris en compte lors de la sélection d'un secteur. Si vous souhaitez maîtriser le design d'intérieur, portez votre attention sur les fabricants de meubles et d'articles ménagers, par exemple. Si vous aimez jouer à des jeux vidéo, examinez de près les développeurs de jeux et les fabricants de cartes vidéo. Il est préférable de sélectionner plusieurs secteurs plutôt que d'en choisir un seul, car vous devrez diversifier vos actifs. Vous

serez ainsi plus informé sur les organisations qui ont un impact sur votre vie personnelle ou professionnelle.

2. Informez-vous sur les entreprises du domaine sélectionné. Il est possible que de nouvelles entreprises surpassent actuellement les leaders établis du marché lorsque l'on compare des entreprises du même secteur. Pour cela, visitez le site Web de la bourse qui vous intéresse (MICEX, NYSE, ou NASDAQ) et familiarisez-vous avec la liste des actifs échangés.

Être actionnaire d'une grande entreprise semble évidemment avantageux et sécurisé. Cependant, il ne faut pas négliger les acteurs de second plan, car la valeur de leurs actions pourrait augmenter à tout moment. De telles augmentations peuvent être avantageuses pour les actionnaires. Établissez une liste des entreprises que vous souhaitez en savoir plus. Chacune d'entre elles doit faire l'objet d'une étude approfondie.

3. Examinez le profil de l'entreprise. Parcourez toutes les informations disponibles sur l'entreprise. Comment s'est-elle développée ? Quelle a été la nature du processus de transition ? Quel impact ont eu les événements historiques clés sur le cours de l'action de l'entreprise ? Quels sont vos objectifs à long terme ? Le développement futur d'une entreprise est généralement influencé par la direction de ses mouvements passés. Soyez attentif, en particulier, aux états financiers.

Portez attention à la fois à vos échecs et à vos succès. Comprendre l'approche de l'entreprise face à l'adversité et l'état actuel de ses actions est crucial. Cela vous permettra d'évaluer vos risques actuels. N'oubliez pas la liquidité ; l'entreprise et les produits qu'elle produit doivent pouvoir être vendus tant aujourd'hui que dans le futur.

4. Découvrez ce qui a changé dans l'entreprise. Vos profits liés à l'investissement sont directement

impactés par les initiatives de l'entreprise. Si l'entreprise s'apprête à lancer un nouveau produit ou a fait une découverte, cela peut jouer en votre faveur. Il n'y a aucune garantie de retours rapides, mais tout ce qui est nouveau attire l'attention et, par conséquent, augmente la probabilité d'une hausse des cours des actions. Par exemple, un changement de direction peut avoir à la fois des effets positifs et négatifs sur les opérations de l'entreprise et, par conséquent, sur sa valeur. Ne supposez jamais qu'une entreprise va croître rapidement. Les valeurs boursières de certaines des entreprises les plus importantes au monde augmentent lentement mais régulièrement. La dynamique de votre entreprise et de votre secteur.

5. Analysez l'entreprise et le secteur au cours des dernières années. Si le taux de croissance diminue ou, pire encore, est négatif, il n'est pas utile de

s'orienter dans cette direction. C'est comme monter dans le dernier wagon du train lorsque vous achetez des actions pendant une période de croissance explosive. La dynamique de ces entreprises est souvent plus forte et plus constante, et la constance réduit toujours les risques. À l'aide des documents financiers, prévoyez l'avenir de l'entreprise et déterminez si vous souhaitez être actionnaire d'une entreprise avec un tel avenir. Se souvenir des événements désagréables probables vous permettra d'évaluer les risques et votre attitude à leur égard de manière plus claire.

6. Revoyez les données. Vous avez déjà effectué certaines recherches, en supposant que vous n'avez omis aucune des étapes précédentes. Vous pouvez maintenant rechercher des conseils professionnels et découvrir leurs prédictions pour l'avenir de l'entreprise que vous

avez choisie. Les grandes organisations d'investissement publient souvent leurs propres recommandations. Vous pouvez obtenir les opinions d'experts renommés et d'investisseurs chevronnés en ligne (y compris sur leurs pages personnelles sur les réseaux sociaux). Les analystes ne peuvent pas prédire la conclusion exacte car ils ne sont pas des voyants. En revanche, un point de vue extérieur et informé pourrait fournir les informations nécessaires. De plus, les analystes expérimentés ont souvent accès à des informations internes. Vous pouvez également examiner les métriques historiques des périodes antérieures. Cela vous aidera à déterminer si les projections précédentes étaient exactes.

Créer un portefeuille d'investissements. Plusieurs des entreprises de la première liste sont éliminées après une considération approfondie des phrases précédentes. D'autres sont à leur apogée, tandis que d'autres connaissent un déclin économique, et ainsi de suite. En fin de compte, une liste d'un, deux, voire trois acteurs du marché sera fournie. Selon les recherches précédentes, il est recommandé d'acheter des actions d'une entreprise ayant de meilleures perspectives. Il n'est pas nécessaire de se concentrer sur une seule entreprise d'un secteur particulier. Vous pouvez acheter des actions de deux ou trois entreprises concurrentes pour voir laquelle performe le mieux. En incluant des actions de 10 à 12 entreprises différentes dans votre portefeuille, vous pouvez essayer de le diversifier et de vous assurer que toute perte dans un actif est compensée par des gains dans d'autres actifs. Vous devez investir dans plusieurs secteurs d'activité, comme cela a été mentionné précédemment. Il n'est pas difficile d'investir dans des actions et de gagner de l'argent avec elles, malgré la complexité du processus en plusieurs étapes. Dans ce cas, le processus en plusieurs étapes ne rend certainement pas le processus plus compliqué, mais il aide et améliore le résultat. Une approche solide nécessite du temps et de l'attention : elle demande de détenir des actions et de porter une arme. La chose la plus cruciale à garder à l'esprit est que vous investissez du temps et de l'énergie pour réduire les risques et générer des revenus, ce qui stimule. Comme tout investissement, l'investissement en actions comporte certains risques. Peu importe à quel point vous êtes intelligent, vous ne pouvez pas éviter ces risques. La meilleure méthode pour les gérer est de maintenir votre exposition à ces risques à un minimum. Vous devez d'abord comprendre vos risques afin de concevoir des méthodes pour les réduire. Vous devez être conscient des nombreux dangers et des facteurs qui pourraient rendre un risque nuisible à votre capacité de gagner.

Les différents types de risques Un risque est que l'investissement perde tout ou une partie de sa valeur. Certains risques sont directement liés, tandis que d'autres affectent votre investissement en actions et votre pouvoir d'achat indirectement. Ne laissez pas les risques vous dissuader d'investir en bourse car ils existent avec tous les investissements. Risque financier Même les entreprises établies s'inquiètent de prendre des risques financiers. Ce risque implique l'incapacité d'une entreprise à compenser ses investisseurs. Gardez à l'esprit que lorsqu'une entreprise dépose le bilan, ses créanciers sont payés avant ses propriétaires et investisseurs. Les actionnaires ont plus de chances de perdre la valeur de leur investissement lorsqu'une entreprise dépose le bilan. Risque lié aux taux d'intérêt Il est utilisé pour illustrer les effets d'une hausse des taux d'intérêt après l'acquisition d'un investissement. Ce type de risque est souvent associé aux investissements qui entraînent des obligations ou des investissements nécessitant le paiement d'intérêts aux investisseurs. Un investissement qui crée des passifs est une obligation. L'état financier d'une entreprise est impacté par le risque lié aux taux d'intérêt, en particulier pour les entreprises qui dépendent des instruments de prêt pour lever des capitaux. Les investissements en actions sont impactés par ce risque. La capacité d'une entreprise à payer peut être impactée si elle émet des obligations et d'autres instruments de dette, puis connaît soudainement une augmentation des taux d'intérêt. Des paiements d'intérêts plus élevés résultent de taux d'intérêt plus élevés. Il en découle que l'entreprise doit payer ses créanciers avant ses investisseurs. Par conséquent, les prix des actions peuvent diminuer ou les paiements de dividendes peuvent être reportés. Les investisseurs en actions, en particulier ceux des secteurs financier et énergétique, vendent souvent leurs avoirs lorsque les taux d'intérêt augmentent. Plutôt que d'acheter des actions, ces personnes peuvent préférer investir dans des instruments de dette. En diversifiant leurs portefeuilles avec des actifs du marché monétaire qui se comportent bien et offrent des rendements même pendant les périodes de taux d'intérêt élevés, les investisseurs expérimentés atténuent le risque lié aux taux d'intérêt. Risque monétaire. Le risque de marché est le terme utilisé pour décrire comment l'offre et la demande fluctuent sur le marché. Les hausses de prix surviennent lorsqu'un certain type de biens est très demandé et que l'offre est limitée. En revanche, le prix d'une action baisse lorsque personne ne la veut. En réaction à la demande du marché, les prix et les valeurs des actions fluctuent. En raison de cela, investir en bourse est risqué à court terme. La bourse fluctue en raison des millions de personnes qui achètent et vendent des actions chaque jour. Le coût d'une action augmente rapidement. La minute suivante, le prix de la même action plonge car personne ne veut l'acheter. Le prix d'une action peut avoir augmenté ou diminué en raison de facteurs autres que la demande, tels que la situation financière de l'entreprise émettrice, le climat politique et social, et l'inflation. Le message clé est d'éviter d'investir en bourse si vous ne savez pas ce que vous faites. Vous pourriez perdre beaucoup d'argent par ignorance. Risque d'inflation Une baisse du pouvoir d'achat de l'investisseur est appelée risque d'inflation. Le produit identique qui était disponible au même prix et en même quantité il y a quelques années n'est plus disponible. Par exemple, 10 bonbons coûtaient un dollar il y a cinq ans. Le même type de bonbon est toujours disponible aujourd'hui pour un dollar, bien que la quantité soit moindre. Vous ne pourrez peut-être acheter que 5 bonbons ou moins aujourd'hui. Comment ce risque affecte-t-il votre plan d'investissement en actions ? Supposons que vous investissiez une partie de votre argent dans une entreprise offrant un rendement de dividende de 4% et le solde sur un compte d'épargne rapportant 4% d'intérêt. En réalité, vous gagnez de l'argent. Votre investissement initial peut être en danger en raison de l'augmentation des taux d'intérêt et de la situation financière de l'entreprise émettrice. Un taux d'intérêt plus élevé ne menacera pas la sécurité de votre deuxième investissement car il est sécurisé. Comme vous avez placé le reste dans une banque, votre argent gagne l'intérêt que la banque utilise. D'autre part, le taux d'inflation est d'environ 5%. Vos salaires ne suivent pas l'inflation. Cela signifie que vous perdez de l'argent sur votre placement bancaire. Le risque de déclaration d'impôts. Le risque fiscal est la diminution de ce que vous êtes capable d'obtenir. Gagner de l'argent est l'objectif de l'investissement en actions. Il y a un impôt lorsqu'il y a de la richesse. Une partie de vos obligations fiscales doit être payée par vous. Cela signifie que, pour éviter de payer plus d'impôts que ce que vous gagnez, vous devez être fiscalisé.

Risque politique. Les nouvelles règles et réglementations émises par le gouvernement ont un impact sur certaines entreprises. Certaines peuvent même faire faillite en raison d'une loi particulière, tandis que d'autres peuvent en tirer profit. Les entreprises peuvent soit mourir, soit survivre dans un environnement politique toxique et injuste. Il est utile d'avoir une connaissance de base du fonctionnement de la politique dans différents pays, car les conflits politiques et gouvernementaux peuvent affecter la situation financière d'une entreprise. Dans de nombreux pays différents, les entreprises peuvent devenir des cibles politiques. Risque pour la santé physique et psychologique. Le risque personnel est la possibilité que vous ne puissiez pas augmenter votre investissement lorsqu'une opportunité se présente. Cela peut également être vrai si vous ne pouvez pas poursuivre un investissement parce que vous avez besoin d'argent de toute urgence. Si vous avez de l'argent à investir mais que vous êtes réticent à le faire, vous êtes dans le premier scénario. De plus, vous pourriez ne pas avoir d'argent car vous l'avez utilisé pour une urgence. Si vous n'avez pas de fonds d'urgence pour faire face à des coûts imprévus, le deuxième scénario se produit. Assurez-vous d'avoir un fonds d'urgence en place avant de commencer à investir en bourse. Vous serez plus susceptible de rencontrer ces problèmes tôt que tard si vous sautez cette étape. Le risque émotionnel est l'incapacité de contrôler vos émotions lors de la décision d'acheter ou de vendre une action. De nombreux investisseurs laissent souvent leurs émotions prendre le dessus sur leur rationalité. Si vous achetez des actions, vous pourriez être soit avide de plus, soit effrayé de perdre de l'argent. Ce sont des émotions fortes que vous devriez être capable de contrôler en matière de trading d'actions. Comment réduire votre risque Même si investir en bourse comporte plusieurs dangers, le faire est facile et réalisable. Ce serait une erreur de laisser ces risques vous empêcher d'investir. Vous ne devriez pas baser votre décision d'investir ou non sur le risque en tant que principal facteur. Prenez une pause, étudiez et acquérez des connaissances. Avant d'investir votre argent en bourse, apprenez autant que possible. Apprenez tout ce qu'il y a à savoir sur l'investissement en actions. Vous avez plus de chances de faire des investissements lucratifs si vous avez une meilleure information. Il est acceptable que cela vous prenne des années pour comprendre même les principes les plus fondamentaux de l'investissement en actions. Le plus important est de réduire la probabilité que vous perdrez de l'argent sur une entreprise que vous ne connaissez pas. Vous pourriez argumenter que le professeur le plus expérimenté est le meilleur, mais cela ne signifie pas que vous ne devriez pas vous entraîner pour le combat. Même si un professionnel de la finance vous implore de le faire, n'achetez pas d'actions si vous ne vous sentez pas prêt. Malgré leur expertise dans leur domaine, les conseillers financiers ne seront pas ceux qui perdent de l'argent. Observez les fondamentaux. Chaque fois que vous vous sentez prêt à combattre, n'oubliez jamais les bases. En matière d'investissement en actions, n'oubliez jamais de rester simple et de revenir aux bases. Ces principes fondamentaux pourraient vous aider à atteindre vos objectifs sans subir une grande perte financière. Diversification. Ce mot fait référence à une approche d'investissement en actions de type mix-and-match. Vous ne vous concentrez pas sur un seul investissement. Votre portefeuille est composé d'investissements à court, moyen et long terme. La répartition en pourcentage change en fonction du type d'investissement que vous faites. La majorité de vos fonds seront investis dans des titres à court et à moyen terme si vous êtes un investisseur actif. Un pourcentage plus faible est attribué aux investissements à long terme. Si vous êtes un investisseur conservateur, vous consacrez probablement une part importante de votre capital à des projets à long terme. La proportion d'investissements à court et à moyen terme dans le total est assez faible. Investir dans une gamme de produits financiers est une autre façon de diversifier votre portefeuille. Vous ne devriez pas investir tout votre argent dans le marché boursier car c'est un marché très volatile.

Chapitre Quatre

Capital Requis Déterminez la somme d'argent dont vous aurez besoin avant de créer une entreprise. Le day trading est comparable à cet égard. Une chose cruciale que la majorité des investisseurs aimeraient savoir est la somme d'argent qu'ils devraient contribuer. Le marché dans lequel vous souhaitez investir déterminera la somme d'argent dont vous aurez besoin pour faire du day trading. Votre technique de trading aura également un impact sur la somme d'argent que vous devrez mobiliser.

Différents marchés nécessiteront des montants variables. Les nombreux marchés qui s'offrent à vous sont détaillés ci-dessous avec leurs exigences de capital respectives. Les exigences de capital pour les traders d'actions

Vous devez avoir au moins 25 000 $ spécifiquement réservés au trading d'actions. Ce montant n'est pas fixe.

Vous voudrez avoir plus de 30 000 $ si vous prévoyez de faire plus de trois transactions. Si la valeur de votre compte de trading passe en dessous de 25 000 $, vous ne serez pas autorisé à trader. Votre compte doit être renfloué au minimum requis. L'exigence de solde de compte s'applique uniquement aux traders qui ont l'intention d'investir dans des actions américaines.

Il est crucial de se rappeler que diverses organisations sur les marchés internationaux nécessitent un solde minimum de compte varié pour investir. Dans le pays où vous avez grandi, il peut ne pas y avoir d'exigence de solde minimum. Cependant, il est recommandé de déposer suffisamment d'argent pour pouvoir profiter de chaque transaction d'achat et de vente. Pourquoi disons-nous cela ? D'autres fois, les frais et les coûts de transaction peuvent épuiser complètement des montants plus petits. Ainsi, suite à ces déductions, le solde de votre compte ne changera pas.

La plupart des participants sur le marché auront toujours du mal avec un manque de capital. Si vous n'avez pas assez d'argent, vous ne pourrez pas profiter de la volatilité du marché. Même si vous avez pu perdre de l'argent aujourd'hui, si le marché boursier augmente soudainement, vous pourriez être en mesure de le récupérer demain. Par conséquent, disposer d'assez d'argent est fortement recommandé.

Capital Requis pour les Traders Forex

Le marché des changes est différent du marché boursier à certains égards. Dans ce cas, des quantités moindres d'argent sont nécessaires. Cela devrait être une excellente nouvelle pour un débutant comme vous. Avec la petite somme d'argent que vous avez mise en place, vous pouvez commencer à faire du day trading forex immédiatement. L'avantage du forex est que vous pouvez utiliser un effet de levier allant jusqu'à 50:1. Ce chiffre pourrait être encore plus élevé dans d'autres pays. Une augmentation de l'effet de levier implique un risque plus élevé qui pourrait entraîner un paiement lucratif.

Le trading forex est une excellente alternative pour le day trading en raison de sa liquidité. Le marché des devises est le plus grand marché au monde. Le volume d'argent en circulation approche souvent les 5 billions de dollars par jour. Par conséquent, ce marché est très attrayant en raison de sa liquidité. Combien d'argent avez-vous besoin pour commencer à trader le forex alors ? Le trading peut être commencé avec aussi peu que 100 $. Cependant, une somme de 500 $ est recommandée. Cela vous permet d'acheter des devises aux meilleurs niveaux d'arrêt. Comme vous pouvez le voir, commencer cette activité ne vous coûtera qu'une petite somme d'argent. Vous ne pouvez pas prétendre que le faire vous permettra de subvenir à vos besoins. Il est cependant important de se rappeler que vos profits quotidiens pourraient vous aider à étendre progressivement votre richesse. Donc, même si vous êtes nouveau dans le trading forex, ne sous-estimez jamais l'importance de commencer petit.

Exigences de Capital pour les Contrats à Terme.

En plus des actions et de l'argent, vous

aurez également la possibilité d'investir dans des contrats à terme. Les contrats à terme ont l'avantage de pouvoir être investis avec très peu de capital. Un montant minimum n'est pas légalement requis pour acheter des contrats à terme. Cependant, il est essentiel pour un trader d'avoir suffisamment d'argent en main pour payer les marges de day trading un jour donné. De nombreux courtiers imposent un solde minimum de 1 000 $ pour les traders. Peu importe que vous soyez limité à un certain montant, vous devriez essayer d'ouvrir votre compte avec au moins 8 000 $ dedans. Pour que vous puissiez trader d'autres contrats à terme avec succès, votre courtier devra vous fournir des marges supplémentaires. Par conséquent, avant de vous inscrire à quoi que ce soit, vous devriez confirmer avec votre courtier.

Enfin, il est clair que différents marchés nécessiteront des niveaux de capital différents en ce qui concerne la somme d'argent dont vous aurez besoin. Comme le trading d'actions nécessite des fonds, il n'est pas recommandé si vous avez un budget limité. Au contraire, vous pouvez commencer à trader sur le marché du forex avec aussi peu que 1 000 $. Pour garantir que vous avez un tampon, il est recommandé d'avoir plus. Les contrats à terme pourraient être une excellente option lorsque vous travaillez avec un budget serré.

De plus, il convient de noter que trader avec vos fonds personnels n'est jamais une décision judicieuse. Utilisez judicieusement les comptes de démonstration lors de la négociation avec un courtier pour trader avec de l'argent fictif. Vous pouvez commencer à utiliser de l'argent réel une fois que vous avez établi que vos stratégies de trading sont efficaces. L'avantage ici est que vous pouvez immédiatement identifier d'éventuelles erreurs financières que vous pourriez commettre. Cela vous empêche ainsi de mettre en danger votre argent durement gagné.

Comment déterminer votre tolérance au risque En plus de savoir combien d'argent vous aurez besoin pour trader, prenez un moment pour évaluer votre tolérance au risque. Que signifie éviter de prendre des risques ? Cela a à voir avec le niveau d'incertitude qu'un trader est prêt à supporter en ce qui concerne les rendements de l'investissement. Vous devriez avoir une compréhension solide de la volatilité du marché que vous pouvez supporter en tant que trader. Vous pouvez ressentir de la panique si les marchés semblent chuter. Vous pourriez vous retrouver à vendre dans ces situations au mauvais moment. Vous devriez donc être conscient de votre niveau actuel de tolérance au risque. À quel niveau de risque êtes-vous prêt à accepter en day trading ?

Pour déterminer correctement votre capacité de tolérance, évaluez vos performances passées. Trouvez les cas les plus improbables où vous seriez prêt à perdre de l'argent. Plusieurs facteurs peuvent avoir une incidence sur votre capacité de tolérance au risque. La somme que vous pouvez accepter, par exemple, dépendra de savoir si vous avez de fortes chances d'augmenter vos revenus à court terme. Si vous souhaitez profiter de titres futurs, tels qu'une pension, votre taux de tolérance au risque sera également élevé. En général, si vous êtes sûr d'avoir d'autres actifs susceptibles de vous procurer davantage de revenus, vous serez prêt à prendre de gros risques. Les différentes catégories de tolérance au risque sont énumérées ci-dessous.

Agressif La disposition d'une personne à accepter le risque est appelée sa tolérance au risque. Il sera plus facile pour les traders ayant une grande expérience du day trading d'embrasser le risque d'investir dans des actifs très volatils. Cela est influencé par leur connaissance approfondie des tendances actuelles de l'industrie. En raison de leur compréhension, ils peuvent prédire rapidement la tendance future d'un titre. Ils font souvent preuve de tolérance aux changements sur le marché. Lors d'une bonne journée, ils prennent les plus grands risques pour maximiser les gains. Le cœur de la tolérance au risque agressive réside ici.

Tolérance modérée au risque. Bien que les traders modérés soient prêts à accepter certains risques, ils éviteront les actifs trop risqués. Ils opteront dans ce cas pour des marchés moins volatils. Leur objectif principal est de réduire les risques auxquels ils sont susceptibles de faire face.

Acceptation du risque Les traders conservateurs peuvent être distingués des traders agressifs ou modérés. Comme leur nom l'indique, ces investisseurs prendront toutes les précautions pour minimiser le risque. Dans cette catégorie, les retraités constituent la majorité des traders.

Sur la base des informations qui vous ont été fournies, où pensez-vous être situé ? Votre niveau de bravoure en matière de prise de risques ? Vous devez être conscient que votre niveau de tolérance changera avec le temps à mesure que vous développerez la capacité de faire face aux pertes. Vous devez néanmoins déterminer ce qui fonctionne le mieux pour vous dès maintenant. C'est crucial car cela vous empêchera d'abandonner si vous subissez des pertes inattendues. Comprendre votre tolérance au risque est une partie cruciale de vos bases de trading, car cela contribuera à votre croissance en tant que trader.

Il existe des centaines de titres disponibles pour un trader à choisir, et les day traders ne sont pas limités dans le type d'actions qu'ils peuvent trader ; vous pouvez trader presque n'importe quelle action que vous choisissez. Choisir quel titre ajouter à votre liste de surveillance peut sembler être une tâche difficile avec autant d'options. Choisir quoi trader est la première étape du day trading, ce qui nous amène à ce point.

Voici quelques lignes directrices pour vous aider à choisir les meilleures actions pour le plus de profit : Il y a beaucoup de volatilité et de liquidité dans le day trading. La liquidité dans le contexte des marchés financiers est la capacité d'acheter ou de vendre quelque chose rapidement. Il peut également être utilisé pour décrire comment la négociation affecte le prix d'un actif. Les actions liquides sont plus faciles à trader en day trading, plus abordables et moins coûteuses par rapport à d'autres actions.

En raison de leur volume élevé, les

actions liquides peuvent être achetées et vendues plus fréquemment sans affecter significativement leur prix. Un grand volume de transactions facilite l'entrée et la sortie des transactions pour les traders, car les stratégies de day trading dépendent d'un timing précis et de la rapidité. La profondeur est également importante car elle montre à quel point les actions sont liquides à différents points de prix en dessous ou au-dessus de l'offre et de la demande actuelles du marché.

De plus, comme il est plus facile de trouver des vendeurs et des acheteurs pour les actions, les entreprises avec une capitalisation boursière plus importante ont des actions plus liquides que celles avec une capitalisation boursière plus faible.

Dans les actions plus volatiles, les stratégies de day trading sont également utilisées. Si l'entreprise qui détient une action connaît des variations fréquentes de trésorerie, cette action est considérée comme volatile. L'incertitude du marché financier offre de nombreuses opportunités aux day traders. Les plateformes financières en ligne telles que Google Finance et Yahoo Finance proposent des actions très dynamiques et liquides tout au long de la journée. Ces informations sont également disponibles sur d'autres sites web de courtiers en ligne.

Tenez compte de votre situation personnelle. Étant donné qu'il n'y a pas de réponse universellement applicable sur les marchés financiers, les actions que vous choisissez doivent être en ligne avec vos objectifs et votre situation spécifiques. Votre situation financière, votre tolérance au risque et le type d'investissement que vous avez l'intention de réaliser doivent tous être pris en compte. Ne sous-estimons pas le rôle que la science a joué dans tout cela. Vos meilleures options consistent à rechercher les données financières des entreprises concurrentes, à étudier le marché, à réfléchir aux secteurs qui correspondent le mieux à vos opinions, à votre personnalité et à vos besoins personnels, et à vous rappeler de commencer tôt. Vous devez être conscient des opportunités de marché et avoir les compétences en gestion du temps pour les poursuivre. Lors du day trading, gardez vos émotions hors d'un actif particulier. Pour limiter vos pertes et augmenter vos gains, gardez à l'esprit que vous recherchez des motifs pour décider du meilleur moment pour sortir ou entrer. Vous devez également être informé de la saison des résultats et du calendrier économique, même si vous n'avez pas à rester collé à votre ordinateur. Cela vous aidera à décider quelles actions conviennent le mieux au day trading.

En raison de l'existence de plusieurs entreprises de médias en ligne avec des volumes de transactions importants, telles que Facebook et LinkedIn, ce secteur est également une cible potentielle pour les day traders. Le potentiel de ces entreprises de médias sociaux à exploiter leurs importantes bases d'utilisateurs comme source de revenus à long terme a également fait l'objet de plusieurs débats. Bien que la valeur actualisée des flux de trésorerie de l'entreprise qui a émis les actions devrait être reflétée dans les prix des actions, les valeurs actuelles prennent également en compte les prévisions de bénéfices futurs des entreprises. Selon certains analystes, cela a conduit à une valorisation boursière plus élevée que ce que les fondamentaux supportent. Cependant, les médias sociaux restent des actions populaires pour le day trading.

Services financiers de l'industrie de la finance. De plus, les actions du secteur des services financiers sont excellentes pour le day trading. Par exemple, l'une des actions les plus échangées à chaque séance de trading est celle de la Bank of America. Si vous cherchez une action d'entreprise à trader, les actions de la Bank of America doivent figurer parmi vos premiers choix malgré la méfiance croissante à laquelle fait face l'industrie bancaire. La Bank of America est une action liquide en raison de son volume de transactions élevé. Morgan Stanley, Citigroup, JP Morgan & Chase et Wells Fargo sont également impactées, toutes faisant face à des conditions de travail très turbulentes et imprévisibles.

Élargissement de votre zone

géographique. Pour investir avec succès sur le marché financier, vous devez diversifier votre portefeuille. Regardez les actions cotées sur diverses bourses, telles que la Bourse de Londres (LSE) ou la Bourse de Hong Kong (Hong Kong Stock Exchange). Vous pouvez obtenir des alternatives potentiellement moins chères et des actions étrangères en élargissant votre portefeuille à l'échelle internationale.

Niveaux moyens à élevés d'instabilité. Un day trader doit être capable de comprendre les mouvements de prix pour gagner de l'argent. En tant que day trader, vous avez la possibilité de choisir entre des actions qui bougent significativement en pourcentage et des actions qui bougent significativement en dollars, car les deux termes produisent souvent des résultats différents. Les actions qui ont des mouvements quotidiens de 3 % ou plus voient souvent des fluctuations significatives des prix au cours de la journée. Cela est également vrai pour les actions qui bougent de plus de 1,50 $ par jour en volume.

Membres du groupe qui suivent. La majorité des traders aiment investir dans des entreprises qui évoluent en tandem avec leur indice et leur groupe sectoriel, même si d'autres traders se spécialisent dans des paris contraires. Cela indique que lorsque la valeur du secteur ou de l'indice augmente, le prix de certaines entreprises augmentera également. C'est crucial si un trader souhaite trader les actions les plus fortes ou les plus faibles chaque jour. Il est important de se concentrer sur cette action et non sur son alignement avec autre chose si un trader aime trader la même action chaque jour.

Stratégies d'entrée et de sortie. Après avoir sélectionné les meilleures actions au monde, votre stratégie de trading déterminera si vous en tirez profit ou non. Il existe de nombreuses stratégies de day trading, mais pour augmenter vos chances de succès, vous devez respecter certaines normes et être attentif à certains indicateurs de trading intraday.

Ci-dessous, je vais passer en revue cinq de ces critères :

- Tradez les actions faibles pendant les tendances baissières et les actions fortes pendant les tendances haussières.
- Les traders recherchent généralement des ETF ou des actions ayant une corrélation modérée à élevée avec les indices NASDAQ ou S&P 500 afin de trouver les meilleures actions pour le day trading, puis ils séparent les fortes des faibles.
- Prendre des bénéfices juste en dessous ou au niveau du précédent point bas du prix dans la tendance actuelle.
- Éviter de jouer lorsque le marché est stagnant.
- Prenez le temps de suivre la correction.

Si vous suivez les directives ci-dessus et investissez 0,15 $ par action, l'ETF ou l'action devrait bouger suffisamment pour que vous puissiez réaliser un profit d'au moins 0,20 à 0,25 $. Lorsque le prix ne suit pas une tendance, passez à une approche de trading en range (c'est-à-dire se déplaçant dans une plage). Au lieu d'une ligne inclinée pendant une période, vous aurez une ligne horizontale. La stratégie fondamentale, cependant, est la même : achetez dès que le prix franchit la zone de support horizontal inférieure et reprend ensuite sa tendance haussière. Il est temps de vendre à découvert lorsque le prix traverse la ligne horizontale supérieure (résistance) et commence à baisser.

Comme il peut être difficile pour certains traders de passer de la négociation en range à la négociation en tendance, ils choisissent de n'en choisir qu'une. Si vous aimez la négociation en range, évitez de trader pendant les tendances et concentrez-vous sur les ETF ou les actions ayant tendance à évoluer dans une plage. Cependant, en ce qui concerne la négociation en tendance, évitez de trader pendant les plages de marché et concentrez-vous plutôt sur le trading d'ETF ou d'actions ayant la capacité de suivre une tendance.

Chapitre Cinq

Plans de Trading Il y a plus dans le trading que de simplement choisir des actions au hasard à détenir, à vendre à découvert ou à acheter. La majorité des agents économiques réussis dépendent d'une stratégie de trading pour tirer profit de leur activité de trading. En réalité, il est impossible pour tout trader de générer régulièrement des profits dans le temps sans une approche disciplinée du trading.

Le monde du trading offre une variété de stratégies de trading. Même les traders novices peuvent utiliser certaines méthodes de trading car elles sont très simples. L'utilisation d'outils et de logiciels techniques met en évidence la difficulté des méthodes alternatives. Ce chapitre aborde plusieurs techniques de trading fondamentales que l'opérateur économique moyen peut utiliser.

Les traders utilisent cette collection de directives pour décider quand entrer et sortir des transactions. Un exemple de stratégie de trading est le suivant : Les systèmes de trading sont exécutés à l'aide de filtres et de déclencheurs de transactions. Avant qu'un actif ne soit ajouté à la liste de surveillance d'un trader et pris en considération pour une transaction, un ensemble de critères appelé "filtre de transaction" doit être satisfait. Lorsqu'une transaction sera exécutée, une date et une heure, appelées "déclencheur de transaction", seront appliquées.

Les règles d'entrée, de sortie, de gestion des risques et de taille de position doivent être incluses dans tout système de trading. Les réglementations doivent être intégrées dans chaque plan de trading. Les entrées sont les points où le trader a choisi d'entrer dans des transactions. Elles peuvent être organisées de plusieurs façons. Par exemple, un trader peut configurer une position d'entrée au prix d'ouverture et une position de sortie au prix de clôture pendant que le marché est ouvert. Le trader peut choisir une position d'entrée comme la première ou la deuxième bougie qui est compatible avec le schéma identifié si un schéma graphique est confirmé.

Les sorties peuvent spécifier des positions limitant une perte ou des positions clôturant une transaction rentable après qu'un certain profit a été réalisé. Chaque stratégie de trading comporte un certain risque car un participant au marché pourrait toujours perdre de l'argent. Les stratégies de trading les plus efficaces sont celles qui réduisent le montant d'argent perdu lorsque des pertes surviennent. Cela n'exclut pas la possibilité d'une élimination complète. Au lieu de cela, cela permet au trader de cesser de perdre de l'argent rapidement et de passer à la transaction suivante. La taille de la position fait référence au nombre d'actions ou de contrats à terme qu'un participant au marché est prêt à risquer à chaque transaction. Cela dépend du capital de trading dont dispose le participant au marché. Le tableau ci-dessus montre que les accords avec un capital de trading plus élevé aboutissent presque toujours à des profits plus importants que ceux avec un capital de trading plus petit.

Les méthodes de trading peuvent être classées de différentes manières en plus des directives fondamentales. Parmi les nombreuses sortes de méthodes de trading disponibles, citons les croisements, la dynamique, les ruptures de volatilité, les renversements, le trading d'événements et Heikin-Ashi.

Croisements. Un croisement, qui est à la base d'une technique de trading fondamentale, se produit lorsque le prix d'un actif ou la moyenne mobile se déplace d'un côté à l'autre de la moyenne mobile plus longue, plutôt que de l'autre côté de la moyenne mobile plus courte. Les deux principales catégories de méthodes de trading de croisement sont les stratégies de croisement de prix et les stratégies de croisement de moyennes mobiles.
Le prix d'un actif est considéré comme ayant effectué un croisement lorsqu'il monte ou descend au-dessus de sa moyenne mobile (ou en dessous). Pensez à une situation où le prix d'un actif a ouvert en dessous de sa moyenne mobile sur 5 jours. La situation est déprimante, selon les

spécialistes. La méthode de croisement des prix est utilisée lorsque le prix d'un actif augmente soudainement et croise au-dessus de sa moyenne mobile sur cinq jours.

L'utilisation d'un croisement de moyennes mobiles se produit lorsque la moyenne mobile d'un actif croise la moyenne mobile d'un autre actif avec une durée plus longue. Prenez en compte le scénario où la moyenne mobile sur 5 jours d'un actif a commencé plus bas que sa moyenne mobile sur 10 jours. Imaginez maintenant que la valeur de l'actif augmente significativement, augmentant la valeur de la moyenne mobile sur 5 jours. Lorsque la moyenne mobile sur 5 jours est supérieure à la moyenne mobile sur 10 jours à un moment donné, on parle de croisement de moyennes mobiles.

Les croisements sont un outil utilisé par les traders pour identifier les changements de direction d'une tendance. Ils peuvent servir à déterminer si le prix d'un actif enfreint ou soutient une barrière ou un support, signalant le début d'une nouvelle tendance haussière ou baissière. Les croisements de moyennes mobiles ne se produiront pas aussi fréquemment que les croisements de prix. Cependant, ils ont la capacité de fournir aux traders des informations erronées. Parce que les niveaux de support et de résistance peuvent ne pas être violés, les traders utilisant les techniques de croisement de prix pour rechercher des ruptures pourraient trouver des tendances trompeuses. Bien que les actifs à forte volatilité croisent souvent des moyennes mobiles courtes, cela n'indique pas toujours le début d'une tendance à la hausse ou à la baisse du prix de l'actif.

Des croisements entre les tendances haussières et baissières sont également possibles. Un croisement haussier se produit lorsque le prix (ou la moyenne mobile courte) monte au-dessus de la moyenne mobile pendant une période prolongée (ou la moyenne mobile longue). Il marque le début d'une tendance haussière. Les traders ou investisseurs peuvent prendre des positions longues sur le marché. Un croisement haussier est symbolisé par une croix dorée. Il se produit lorsque l'indicateur technique appelé moyenne mobile sur 50 jours monte au-dessus de la moyenne mobile à long terme sur 200 jours. Lorsque le prix (ou la moyenne mobile courte) tombe en dessous de la moyenne mobile en analyse technique, on parle de croisement baissier (ou moyenne mobile longue). Une tendance haussière commence lorsqu'il y a un croisement baissier. Les traders et investisseurs ont la possibilité de liquider ou de raccourcir leurs positions longues qu'ils ont précédemment détenues. Un croisement baissier est symbolisé par une croix de la mort. Il est considéré comme baissier lorsque la moyenne mobile à court terme (moyenne mobile sur 50 jours) tombe en dessous de la moyenne mobile à long terme (moyenne mobile sur 200 jours).

Les traders et investisseurs utilisent souvent plusieurs moyennes mobiles pour identifier les tendances. Un investisseur peut utiliser cette information pour prendre une décision si une moyenne mobile sur 50 jours croise une moyenne mobile sur 100 jours ou si une moyenne mobile sur 50 jours croise une moyenne mobile sur 200 jours. Parce qu'une tendance doit d'abord se développer avant qu'un croisement de moyennes mobiles ne puisse se produire, il est important de noter que la stratégie de croisement de moyennes mobiles ultérieures fonctionnerait comme un indicateur de tendance. De plus, les croisements de moyennes mobiles à long terme surpassent les croisements de moyennes mobiles à court terme en tant qu'indicateurs de tendances à long terme. Comparés à d'autres indicateurs, les croisements sont plus précis pour prédire les tendances à court terme.

Un investisseur préoccupé par l'avenir à long terme du marché pourrait s'intéresser aux méthodes de croisement de moyennes mobiles de longueur. Ces traders utilisent des stratégies de croisement de moyennes mobiles qui mettent du temps à réagir aux changements soudains du prix du marché. Un investisseur pourrait s'intéresser à un croisement de deux moyennes mobiles, comme une moyenne mobile sur 50 jours croisant une moyenne mobile sur 200 jours ou une moyenne mobile sur 100 jours croisant une moyenne mobile sur 200 jours.

Les moyennes mobiles avec un horizon temporel limité pourraient être attrayantes pour les day traders. Les day traders pourraient utiliser des croisements tels qu'une moyenne mobile de 5 minutes croisant une moyenne mobile de 10 minutes et une moyenne mobile de 10 minutes croisant une moyenne mobile de 15 minutes. Cela pourrait être utilisé par les traders pour obtenir des signaux immédiats sur la décision d'entrer ou de sortir de positions.

Il n'existe pas de longueur parfaite pour une moyenne mobile. Le choix et l'utilisation d'une moyenne mobile par un trader ou investisseur dépendent de leur approche du trading, de leur niveau de tolérance au risque et de leur horizon temporel pour détenir l'actif pertinent.

En plus des croisements, les traders et investisseurs peuvent utiliser des filtres pour valider des modèles et décider s'ils doivent participer ou quitter une séance de trading. Par exemple, si un investisseur souhaite trader le croisement d'une moyenne mobile sur 10 jours avec une moyenne mobile sur 50 jours, l'investisseur attendrait que la moyenne mobile sur 10 jours soit au moins 10 % plus élevée que la moyenne mobile sur 50 jours. Lorsque le croisement et le filtre sont examinés, le nombre de faux signaux produits est réduit. L'inconvénient des filtres est qu'ils ne détectent les tendances qu'après leur survenue, ce qui signifie que l'investisseur peut manquer certains de leurs profits potentiels.

La moyenne mobile simple (SMA) a été utilisée dans les exemples précédents de cette section, mais un trader pourrait préférer utiliser des moyennes mobiles pondérées exponentiellement (EMWA) à la place. Le trader doit d'abord déterminer sa tolérance aux signaux incorrects avant de décider quel type de moyenne mobile utiliser.
Des indicateurs techniques tels que les bandes de Bollinger et les enveloppes de moyennes mobiles sont souvent

utilisés. Une stratégie de trading utilisant les moyennes mobiles comme tactique de trading est connue sous le nom d'enveloppes de moyennes mobiles. Pour déterminer les niveaux de support et de résistance, un intervalle de confiance doit être créé (par exemple, un intervalle de confiance de 10%) autour d'une moyenne mobile à moyen terme (par exemple, une moyenne mobile de 25 jours). Les investisseurs ou les traders recevront des notifications chaque fois que le prix de l'actif change de plus que ce degré de confiance (5%) dans n'importe quelle direction donnée. Considérez le scénario suivant : le coût d'un actif est tombé en dessous de 10% de sa moyenne mobile de 25 jours. Cela informe l'investisseur que le prix de l'actif a franchi le support et est susceptible de diminuer davantage bientôt.

L'enveloppe de moyenne mobile peut être utilisée en conjonction avec ou à la place d'une bande de Bollinger. Un investisseur peut supposer qu'une tendance à la hausse a commencé et que le prix de l'actif a franchi la résistance si le prix de l'actif s'écarte de plus d'un écart type de sa moyenne mobile. Le trader ou l'investisseur a alors la possibilité de prendre une position longue sur l'actif.

Momentum. Le trading d'actions qui se déplacent rapidement dans une direction sur un volume important est appelé le trading de momentum. Un investisseur utilise l'analyse technique pour déterminer la direction générale du marché avant de prendre une position qui lui permettrait de réaliser un profit. Un trader ouvrira une position longue s'il voit une tendance positive afin de profiter du momentum. De plus, si une tendance baissière se développe, le trader vendra à découvert l'action pour compenser ses pertes et gagner de l'argent plus tard dans le cycle de trading.

Le prix de l'action doit dépasser l'un des deux niveaux de support ou de résistance pour satisfaire la condition de trading. Le prix de l'action devrait commencer avec un très grand nombre de transactions. Un prix d'action qui se négocie à un nouveau sommet peut être un signe d'une rupture à la hausse sur le marché. De manière similaire à l'exemple précédent, un nouveau plus bas dans le prix de l'action pourrait signaler une rupture négative sur le marché boursier. Les traders avancés peuvent utiliser des méthodologies économétriques ou des outils informatiques pour déterminer les niveaux de support et de résistance ainsi que les ruptures afin de maximiser les profits. Bien que de telles techniques sophistiquées dépassent la portée de cette recherche, ce livre s'adresse aux nouveaux traders qui veulent acquérir de l'expérience en faisant des erreurs.

En alternative, un trader peut élaborer son propre ensemble de directives pour améliorer l'efficacité du trading de momentum. Un trader pourrait avoir besoin que la bougie la plus récente franchisse et atteigne un nouveau sommet au-dessus des "N" bougies précédentes pour ouvrir une position longue dans une certaine entreprise. Lorsque la bougie la plus récente dépasse le plus haut des cinq bougies précédentes, le trader recevra un signal d'achat sur son écran d'ordinateur si la valeur de "N" est fixée à 5.

Un autre exemple de conditions pour élaborer un signal d'achat est le besoin d'un trader que la deuxième bougie sorte des bandes de Bollinger avant de faire un signal. Tout mouvement en dehors des bandes de Bollinger peut être considéré comme une rupture de prix, car la plupart des mouvements de prix des actions se produisent à l'intérieur des bandes.

En troisième lieu, un trader peut exiger que la bougie la plus récente augmente d'au moins "X" pour cent par rapport aux "N" bougies précédentes et que le point le plus élevé de la bougie la plus récente soit supérieur au point le plus élevé des deux dernières barres 2N pour conclure une transaction rentable. Si la bougie la plus récente fermée monte de plus de 0,5 pour cent par rapport aux trois bougies précédentes fermées et que le sommet de la bougie la plus récente fermée est plus élevé que les sommets des six dernières barres, le trader peut commencer une position longue. Le trader peut tester plusieurs nombres pour "X" et "N" et, après des tests, choisir les options qui résultent dans les transactions les plus rentables. Des augmentations du volume de trading peuvent également contribuer au succès des réglementations commerciales mentionnées précédemment. Le trader peut également avoir besoin d'une augmentation du volume de trading d'au moins "X" pour cent en plus des variations du prix des actions pour réaliser un profit. Le trader peut avoir besoin d'un volume relatif d'au moins 2 pour soutenir la reprise du momentum. Cette méthode a du sens car le volume des échanges devrait augmenter simultanément avec l'émergence de nouvelles tendances.

De plus, les day traders recherchent des mouvements paraboliques. Un mouvement parabolique dans le prix d'une action est un changement exponentiel (soit une hausse, soit une baisse). Il est possible qu'une action ait des sauts paraboliques en réaction à la manière dont elle réagit aux nouvelles. En réaction à des nouvelles positives sur les ventes et la rentabilité d'une entreprise, les prix des actions devraient augmenter. Il est plus probable que des mauvaises nouvelles sur la rentabilité ou la réputation d'une entreprise fassent baisser le prix de ses actions.

Fluctuations de la volatilité. Une technique de trading connue sous le nom de breakout de volatilité implique le trading de breakouts à la hausse et à la baisse. Un breakout est basé sur l'idée que lorsque le marché se déplace d'une certaine quantité, il surmontera le support ou la résistance.

Pour profiter d'un breakout, l'approche d'un trader devrait inclure des conditions qui doivent être satisfaites avant qu'un trade soit marqué comme ouvert. Par exemple, le trader peut avoir besoin d'au moins trois (3) bougies de 5 minutes pour rompre la résistance et un volume relatif de plus de deux pour aller long (2). Une limite sur la taille de la position (disons, 5% du capital total) et une procédure pour mettre fin à la transaction peuvent également être incluses dans la solution (peut-être la fermeture de l'ordre après la première bougie de 1 minute pour effectuer un pullback après avoir atteint au moins un gain de 15 pour cent).

Les breakouts de volatilité peuvent entraîner des gains ou des pertes, tout comme d'autres stratégies de trading. Un trader risque de perdre de l'argent s'il pense que les signaux sont faux. Dans le cas où une bougie de 1 minute grimpe de 10% au-dessus de la résistance et est considérée comme une percée, un trader peut entrer sur le marché long et réaliser un profit. D'un autre côté, le prix de l'article pourrait changer. Le trader a fait une erreur en allant long et pourrait perdre beaucoup d'argent par conséquent.

En raison de la possibilité de faux signaux, les traders peuvent décider d'utiliser des indicateurs retardés pour repérer les breakouts afin d'éviter de futurs signaux trompeurs. Une moyenne mobile pondérée exponentiellement, par exemple, pourrait être nécessaire pour rompre à la fois le support et la résistance afin de confirmer la tendance. L'inconvénient de l'utilisation de signaux retardés est qu'ils confirment une tendance après qu'elle s'est déjà terminée, empêchant le trader d'exécuter une transaction rentable.

Renversements. Une stratégie de trading inverse doit prendre en compte les renversements de marché. Le trader utilise l'analyse technique pour repérer les renversements de marché et procède ensuite à la transaction appropriée.

Une technique efficace pour identifier les renversements de marché est l'indice de force relative (RSI). De plus, comme mentionné précédemment, l'action est considérée comme surachetée lorsque le RSI dépasse 80. Cela pourrait signaler que la position du trader est susceptible de changer. Le trader utilisant la méthode de renversement peut décider de vendre à découvert l'actif en conséquence. De manière similaire, une action est considérée comme survendue si son RSI tombe en dessous de 20. La solution alternative serait qu'un trader achète l'article puis le vende plus tard.

Les traders prudents peuvent décider de créer leurs propres critères plus stricts lorsqu'ils tradent une inversion. Si vous voulez décider d'aller long ou court, vous pouvez utiliser le RSI pour le faire. Un trader peut ajouter à cela en recherchant au moins une bougie pour s'inverser après environ trois bougies de 5 minutes consécutives de la même couleur atteignent la résistance ou le support, ce qui peut être fait en cherchant au moins une bougie pour s'inverser après environ trois bougies de 5 minutes consécutives de la même couleur atteignent la résistance ou le support. Pour augmenter les marges bénéficiaires lors du trading d'inversions, le trader devrait chercher à capturer l'action aussi près du support ou de la résistance que possible.

Le trading dans les événements de la vie.

Les prix des actions peuvent être influencés par des nouvelles sur la rentabilité d'une entreprise, des problèmes opérationnels, la stabilité opérationnelle et les scandales. Les nouvelles macroéconomiques qui ont un impact sur la situation financière d'une entreprise peuvent affecter le cours de l'action de cette entreprise.

Par exemple, les paires de devises réagissent souvent aux importantes nouvelles économiques sur le marché des changes. La plupart des nouvelles économiques en provenance des nations industrialisées et importantes influent sur les principales paires de devises, mais les États-Unis sont la source d'informations la plus significative et la plus suivie (Bauwens et al. 2005 ; Roache et al. 2010 ; Lahaye et al. 2011). Cela est vrai car les États-Unis ont la plus grande économie du monde et le dollar américain sert de devise de réserve mondiale. Par conséquent, la grande majorité des transactions internationales utilisent le dollar américain.

La croissance du PIB, l'inflation et le taux repo de la Réserve fédérale (banque centrale) ne sont que quelques exemples de données économiques américaines qui pourraient avoir un impact sur la spéculation du marché et sur la fluctuation du dollar américain par rapport à d'autres nations. De plus, des informations sur des événements mondiaux majeurs tels que la guerre, les catastrophes naturelles, les troubles politiques et les élections présidentielles peuvent avoir un impact sur la spéculation sur le dollar.

Par exemple, le taux de chômage ajusté en fonction des variations saisonnières en mai 2007 était de 4,4 % aux États-Unis. Le taux de chômage a rapidement atteint un record de 10 % en octobre 2009 lorsque les États-Unis ont été secoués par la crise financière mondiale et la récession économique qui a suivi (US BLS 2018). La valeur du dollar américain a baissé en même temps que le chômage augmentait. La baisse de la valeur du dollar américain par rapport à un certain nombre de devises importantes au cours de la période pertinente était donc attendue.

Avant la publication de nouvelles économiques régulières, un trader particulier qui souhaite se concentrer sur les nouvelles peut le faire en attendant une période de consolidation, puis en tradant sur la sortie de cette consolidation. Les positions peuvent être conservées pendant une courte période (comme dans le trading intraday) ou pendant plusieurs jours en raison de la nature du trading basé sur les nouvelles (comme dans le swing trading).

Lorsque des nouvelles positives sont reçues, la valeur des actifs financiers (prix des actions et prix des paires de devises) augmente, tandis que la valeur des actifs financiers (prix des actions et prix des paires de devises) diminue lorsqu'on entend des nouvelles négatives. Cela se produit dans le cas des actions lorsque de nombreux traders décident de conserver un actif après avoir reçu des nouvelles positives, constatent une augmentation de la demande et voient une hausse des prix. En revanche, de mauvaises nouvelles incitent les traders à réagir en réduisant les positions courtes ou en clôturant les positions longues, ce qui diminue la demande et fait baisser les cours des actions.

Le trading en réaction aux nouvelles de dernière minute est appelé "trading d'événements". Considérez l'achat de Nord Anglia Education Inc., un fournisseur d'écoles internationales basé à Hong Kong, par le Régime de pensions du Canada et Baring Private Equity Asia le mardi 25 avril 2017. Le site web de l'entreprise indique qu'à 10h00 le même jour, le prix des actions de Nord Anglia Education Inc. (NORD) avait augmenté de 17,38 % en raison de la bonne nouvelle de l'achat.

Si un trader prend une position appropriée basée sur les nouvelles et réussit à tirer parti du momentum dès le début, il en profitera largement. D'un autre côté, un trader qui adopte ou maintient une position incorrecte face à des nouvelles défavorables risque de subir des pertes importantes. Pour cette raison, les traders qui basent leurs décisions sur des événements imprévus ont le potentiel de gagner beaucoup d'argent - ou d'en perdre - selon qu'ils choisissent la position appropriée.

Il est essentiel de comprendre que le délit d'initié se produit lorsque les parties prenantes d'une entreprise prennent des décisions de trading basées sur des connaissances qui n'ont pas encore été rendues publiques. Un tel comportement est considéré comme immoral et interdit dans de nombreux pays à travers le monde.

Les nouvelles significatives ont tendance à renforcer le trading sur les actions, les paires de devises et les actifs financiers qui sont impactés. Lorsque des nouvelles importantes sont annoncées, la volatilité du marché des changes a tendance à augmenter, de sorte que de nombreux courtiers forex essaient d'élargir l'écart entre le prix d'achat et de vente. Si la différence entre deux paires de devises est composée d'un prix d'achat de 1,258 $ US et d'un prix de vente de 1,260 $ US, alors les prix d'achat et de vente sont considérés comme identiques. 1,258 $ US et 1,260 $ US varient de 0,0002 (ou 2 pips), soit un pour cent.

Pendant les périodes de volatilité liée aux nouvelles, les ordres de marché peuvent être exécutés à un prix sensiblement différent du prix que le trader particulier avait prévu de payer. Pensez à l'exemple suivant : Le prix de vente d'une paire de devises est de 1,260 $ US. Un trader pourrait passer à l'achat et acheter la paire de devises s'il pense que le prix d'achat augmentera à l'avenir à une valeur bien supérieure à 1,260 $ US. Pensez au scénario suivant : Un trader place un ordre d'achat au moment d'une très forte volatilité. L'ordre pourrait être exécuté à un prix d'achat bien supérieur au prix de vente actuel de 1,260 $ US. En conséquence, pour que le trader réalise un profit, le marché devrait augmenter encore plus pour couvrir le coût de la commission et de l'écart entre les prix d'achat et de vente.

À la baisse, un problème similaire pourrait se poser et entraîner un glissement de profit pour les traders ordinaires. Pensez à un autre exemple. Dans ce cas, supposons qu'un trader anticipant une baisse du marché a passé un ordre de vente à découvert pour la paire de devises. Supposons que l'ordre a été passé au moment d'une volatilité significative du marché. Un glissement pourrait se produire si l'ordre est exécuté à un prix de vente bien inférieur à ce que le trader avait prévu.

Il est important de se rappeler qu'après l'annonce de nouvelles importantes sur le marché, les marchés financiers ne réagissent pas toujours de la même manière. Les mouvements de prix dans les deux sens peuvent être définis par de grands sauts et des bougies prolongées (Lahaye et al. 2011). Des retards de traitement des ordres peuvent survenir lorsqu'il y a beaucoup de volatilité sur le marché des nouvelles. Même si leurs ordres sont placés exactement au bon moment, les traders courent toujours le risque de perdre de l'argent. Cela s'explique par le fait que les traders peuvent subir des pertes en raison de retards dans le traitement des ordres. Considérez le scénario suivant : pour vendre avec succès une paire de devises à 1,270 $ US, un trader particulier a passé un ordre d'achat pour celle-ci à 1,260 $ US. Disons qu'il y a eu un problème dans l'exécution de l'ordre et, lorsqu'il a finalement été complété, le prix de la paire de devises a grimpé à 1,501 $ US. Supposons qu'il y ait eu une nouvelle hausse à 1,265 $ US. Le trader particulier a perdu de l'argent sur la transaction parce que l'ordre d'achat a été complété à un coût bien plus élevé que l'ordre de vente à découvert.

Les risques liés à la volatilité du trading basé sur les nouvelles, qui ont déjà été discutés, devraient être compris par les traders particuliers. Les traders particuliers peuvent utiliser des ordres à cours limité avec des objectifs de profit comme mesure préventive pour aider à réduire le risque de volatilité pendant les périodes de forte volatilité liées aux nouvelles significatives.

Heikin-Ashi. Certains day traders préfèrent les graphiques Heikin-Ashi aux graphiques en chandeliers plus courants pour la reconnaissance des tendances. En réalité, une variété de méthodes de trading, telles que les croisements, la dynamique et les renversements, peuvent être appliquées à l'aide des graphiques Heikin-Ashi. L'utilisation des graphiques Heikin-Ashi dépend de la tolérance du trader à recevoir des signaux erronés. La grande majorité des entreprises qui fournissent à leurs clients des interfaces de trading en ligne afficheront les prix sous forme de bougies Heikin-Ashi.

Prendre en compte la stratégie de trading. Il est crucial pour les traders d'évaluer leurs processus de trading pour voir s'ils sont efficaces et où des améliorations peuvent être apportées. Pour effectuer une telle évaluation, le trader doit suivre les informations suivantes : • le profit ou la perte moyenne quotidienne, le gain ou la perte quotidienne moyenne, le profit ou la perte quotidienne moyenne par unité, la taille moyenne de la perte quotidienne • le risque moyen pris sur chaque transaction et le ratio gains/pertes • le nombre total d'allers-retours effectués en une seule journée. Une stratégie de trading ne peut être évaluée efficacement que si les profits, les pertes et les risques qui y sont associés ont été quantifiés de manière précise. En fonction de leur profit moyen, les traders particuliers pourront calculer leur rentabilité quotidienne. Les stratégies de trading doivent être ajustées si les profits sont inférieurs aux attentes ou si des pertes surviennent.

La période idéale pour le trader de maintenir la position ouverte avant de la fermer est déterminée par la taille moyenne du gain, et vice versa. Si le montant d'argent déplacé reste constant, la taille des gains peut révéler si le trader ferme les positions gagnantes trop rapidement. La taille moyenne de la perte peut être utilisée de manière similaire pour déterminer si un trader maintient des positions perdantes pendant une période excessive. Après avoir acquis de telles connaissances, les traders peuvent modifier leur approche et décider de maintenir des positions lucratives pendant une période plus longue. Pour réduire leurs pertes, ils peuvent également utiliser un plan de gestion des risques plus strict.

En examinant leurs transactions de la veille ou de la semaine précédente et en se posant les questions suivantes, un trader peut évaluer son niveau de succès en trading : • Y avait-il un plan pour ouvrir et fermer des positions, n'est-ce pas ? Si c'est le cas, a-t-il été suivi ? • Dans l'affirmative, quelles techniques d'analyse fondamentale ou technique ont été utilisées pour prendre des décisions de trading ? • Y avait-il un nombre souhaité de gains ou de pertes ? • Le trading a été arrêté ou interrompu plus tôt que prévu. • Les positions perdantes ont été conservées plus longtemps que prévu ? • Est-il possible que certaines décisions de trading aient été influencées par des émotions personnelles ? Les réponses aux questions simples ci-dessus peuvent fournir des informations précieuses sur les raisons pour lesquelles un trader perd de l'argent.

Le ratio de Sharpe et la simulation de Monte Carlo, tous deux disponibles pour un trader, peuvent être utilisés pour examiner sa stratégie de trading de manière plus détaillée. De telles stratégies sophistiquées peuvent être utilisées par des traders experts ayant une expérience en économie financière, mais elles vont au-delà de l'objet de ce livre, qui est destiné aux traders novices et inexpérimentés. Il est extrêmement difficile pour un trader de s'engager dans un trading efficace à long terme avec un objectif et une méthode réussie. La première section de ce chapitre a examiné les éléments clés d'une stratégie de trading. Les limites d'entrée et de sortie, les directives de gestion des risques et les spécifications de taille de position en font partie.

Ensuite, ce chapitre a examiné diverses tactiques de trading simples. Les tactiques de trading les plus efficaces se sont révélées être les croisements, la dynamique et le trading de renversement. D'un autre côté, vous pouvez utiliser les enveloppes de moyennes mobiles, les bandes de Bollinger et les graphiques Heikin-Ashi pour compléter les données fournies par ces indicateurs. Il est crucial de comprendre qu'un indicateur n'est pas la même chose qu'une stratégie de trading, même si les indicateurs peuvent être utiles dans le trading. Le dernier sujet abordé dans ce chapitre était un cadre fondamental pour évaluer les performances des systèmes de trading mis en œuvre. Les techniques de trading simples sont faciles à développer, à mettre en œuvre et à évaluer. Les coûts sont également raisonnables. D'autre part, étant donné qu'ils nécessitent plus de temps et d'efforts, les procédures complexes sont plus difficiles à développer, tester et optimiser. Le même principe s'applique aux procédures d'évaluation qu'aux autres types d'évaluation. Comme cela a déjà été dit, ce livre se concentre sur des stratégies simples car son public cible est le lecteur expérimenté cherchant à accroître sa compréhension et son expertise financières.

Chapitre Six

Compétences en Gestion Financière Dans le domaine de la finance, la notion de gestion de l'argent n'est pas nouvelle. Tout a commencé avec l'établissement du capitalisme. Lorsque les propriétaires d'entreprises privées contrôlaient l'économie, ils possédaient leurs propres actifs et en récoltaient les bénéfices. Les gens n'ont commencé à exister qu'à partir de 1600 grâce à leur capacité à acquérir des richesses. L'environnement actuel exige la capacité et le désir d'économiser davantage et d'investir tout argent supplémentaire.

Le terme "gestion de l'argent" englobe diverses méthodes de gestion de l'argent. Tout y est, y compris la budgétisation et la planification financière. La gestion de l'argent englobe l'achat de nécessités pour votre vie ainsi que l'élaboration de stratégies. Quelqu'un avec de mauvaises compétences en gestion de l'argent et de mauvaises compétences en planification n'aura jamais assez d'argent.

Comprendre vos actifs et vos responsabilités est une étape nécessaire avant de pouvoir commencer votre route vers une meilleure gestion de l'argent. Les actifs et les propriétés personnels comprennent, entre autres, les voitures, les maisons, les fonds de retraite, les investissements et les comptes bancaires. D'un autre côté, les responsabilités personnelles comprennent les prêts, les dettes et les hypothèques. Pour calculer votre valeur nette, vous devez être capable de faire la distinction entre vos actifs et vos obligations. Vous avez une valeur nette inférieure lorsque vos obligations l'emportent sur vos possessions. Si vous êtes bon pour gérer votre argent, vous pouvez éviter cela.

Il est bénéfique de fixer des objectifs financiers. Sans objectifs, vous vous fixerez sur la gestion quotidienne des factures, ce qui compromettra vos ambitions à long terme. Établir des objectifs vous permet d'identifier quelles dépenses sont nécessaires et lesquelles peuvent être réduites. Si vous voulez acheter une voiture de 30 000 $, par exemple, l'un de vos objectifs peut être de réduire vos dépenses. N'est-ce pas similaire à quelqu'un qui veut acheter une voiture de 20 000 $?

Une fois que vous avez terminé votre planification et déterminé vos objectifs, vous pouvez commencer à travailler sur votre budget. Un budget est un outil qui peut vous aider à bien gérer votre argent. Il s'agit d'une estimation des revenus pour une certaine période. Si vous suivez un budget, vous pourrez peut-être économiser de l'argent et éviter de faire des achats impulsifs. Un budget raisonnable pourrait inclure l'allocation de 250 $ par mois pour les divertissements et autres dépenses après avoir déterminé les besoins de base. Si votre salaire augmente, économisez l'argent supplémentaire plutôt que d'augmenter votre plan de dépenses.

Lors de la budgétisation, vous aurez de nombreux comptes à surveiller. Par exemple, vous pouvez avoir des comptes d'épargne et un fonds d'urgence. Cela vous empêchera de céder à la tentation de faire des achats impulsifs. Ne mélangez pas votre argent de retraite avec d'autres investissements. Il existe plusieurs programmes disponibles pour vous aider à gérer vos finances. Les logiciels de gestion financière comme Quicken vous aident à suivre tous vos comptes différents et à vous assurer que vos objectifs de dépenses et d'économies sont atteints.

L'analyse, la planification et l'exécution du portefeuille financier font partie intégrante de la gestion de l'argent. Les impôts, l'épargne, la banque et d'autres types d'investissements y sont tous inclus.

Les finances de votre entreprise peuvent être impactées par plusieurs facteurs économiques de gestion des affaires. L'une des compétences les plus importantes en gestion financière est la capacité à accéder et à gérer tous les aspects de votre situation financière. Vous pouvez atteindre vos objectifs si vous gérez bien votre argent. Je veux vivre une vie sans dette et acheter une maison sans avoir besoin de prêts étudiants. Améliorez votre plan pour gérer les circonstances imprévues qui pourraient avoir un impact sur vos finances, comme la perte d'emploi ou une maladie catastrophique. Vous serez en mesure d'économiser suffisamment d'argent si vous gérez bien votre argent pour couvrir toutes les dépenses imprévues.

Les gens peuvent échanger des informations et se connecter les uns aux autres via Internet, un réseau informatique mondial. Auparavant, il n'y avait pas de normes pour la banque, l'investissement ou l'assurance. En ce qui concerne la prise de décisions financières dans le passé, les clients avaient moins d'options et moins de connaissance sur leurs perspectives dans leurs régions locales. En raison de l'absence de connexion Internet, il y avait des restrictions sur la manière et l'endroit où obtenir des informations cruciales. Une grande variété de choses, y compris les meubles et les équipements électriques, inspiraient les gens à faire des achats. Les achats peuvent inclure des contrats d'assurance et des prêts hypothécaires.

Compétences en gestion financière Avez-vous une compréhension claire de vos revenus et dépenses ? Savez-vous combien vous dépensez en divertissement, vêtements et nourriture ?

Une compétence vitale de la vie rarement enseignée à l'école est la gestion de l'argent. La plupart du temps, nos parents nous enseignent comment gérer nos finances. Étant donné que la majorité des gens n'ont pas acquis de compétences financières à l'école, vous pouvez encore les étudier maintenant. Voici quelques suggestions pour vous aider à améliorer vos compétences en gestion de l'argent.

Créez un budget et suivez-le. Gardez une trace de chaque achat que vous faites. Combien de votre revenu dépensez-vous en nourriture, divertissement, vêtements et films ? Faites un budget si tel est le cas. Vous pouvez découvrir combien vous avez dépensé dans chaque catégorie en consultant vos relevés bancaires. Vous prendrez conscience de la somme d'argent que vous gaspillez involontairement.

Prenez des décisions financières judicieuses. Établissez-vous une liste d'achats alimentaires avant de partir ? Vérifier le prix d'un article avant de l'ajouter à votre panier est une habitude, n'est-ce pas ? Utilisez des coupons si vous en trouvez. Utilisez des applications pour smartphones et des ressources web pour suivre vos dépenses.

Faites attention à vos dépenses ! Si vous ignorez ces conseils simples, vous continuerez à perdre de l'argent. Trouver des coupons demande du temps et des efforts. Il faut du temps et des efforts pour trouver des coupons, faire une liste d'achats et vérifier le prix d'un article avant de l'acheter, mais cela en vaudra la peine à la fin.

Vérifiez que vos livres sont en bon état. La plupart des gens utilisent Internet pour vérifier leur solde bancaire. En faisant cela, vous ne pourrez pas suivre vos dépenses actuelles. Être responsable et tenir compte de toutes vos dépenses est l'étape la plus importante pour éviter les dépenses excessives. Créez un plan.

Vous avez besoin d'un plan si vous voulez accomplir quelque chose. Vous ne pourrez pas trouver votre chemin de A à B sans un GPS pour vous guider. Involontairement, vous vous retrouverez à tourner en rond.

C'est la même chose que de ne pas avoir de plan de dépenses. Vous aurez constamment besoin d'argent et vous ne saurez pas où il va. Comment l'argent s'est-il retrouvé là ? Si vous choisissez la bonne approche, vous pourrez maintenir le suivi de votre situation financière et de vos dépenses.

Considérez-vous comme un homme d'affaires. Le système éducatif ne propose pas de gestion de l'argent, en particulier comment investir pour le succès financier. Les riches ont appris à investir et à faire fructifier leur richesse en plus d'économiser 500 $ chaque mois, en augmentant la valeur de 500 $ à 1 000 $, 10 000 $, 100 000 $, et bien plus encore. En investissant et en augmentant vos économies, vous pouvez garantir un avenir financier sûr. Considérez-vous comme un investisseur et gardez un œil sur votre argent pendant qu'il croît.

Votre conjoint doit avoir les mêmes objectifs financiers que vous. Les couples mariés et ayant un compte bancaire commun doivent apprendre à coopérer. Vous et votre partenaire devez tous deux être d'accord sur les objectifs financiers.

Établissez un budget et demandez conseil à un expert financier sur l'endroit où placer votre argent. Vous devez vous assurer que vos objectifs financiers sont alignés les uns sur les autres et que vous avancez. Prenez des décisions financières judicieuses.

Engagez-vous fermement dans la planification financière à long terme et la gestion de l'argent. Vous avez le pouvoir d'améliorer et de mieux gérer votre situation financière ! La décision de le faire doit d'abord être prise. Prenez la décision de commencer à économiser et à améliorer vos compétences en gestion de l'argent.

La gestion de l'argent est très importante. Suivre un budget et vivre selon ses moyens sont des aspects importants d'une bonne gestion de l'argent. Lors de vos achats, recherchez de bonnes affaires et évitez les mauvaises affaires. Vos objectifs, tels que l'épargne pour un acompte sur une maison, peuvent être plus faciles à atteindre si vous savez comment investir lorsque vous avez plus d'argent. Vous pouvez atteindre vos objectifs à court et à long terme en comprenant l'importance d'une gestion saine de l'argent. Certaines des raisons pour lesquelles une gestion efficace de l'argent est cruciale incluent les suivantes :

L'état de l'économie s'améliore. Si vous faites attention à vos dépenses et économisez, vous pourrez peut-être avoir assez d'argent pour l'avenir. Votre capacité à économiser de l'argent vous procurera la sécurité financière nécessaire pour faire face à des dépenses ou des problèmes imprévus, tels que la perte de votre emploi, des problèmes de voiture, voire pour économiser pour des vacances. Si vous avez de l'argent, vous n'aurez pas besoin d'utiliser une carte de crédit pour résoudre des problèmes. L'épargne est un élément crucial de la finance personnelle car elle vous permet de poser les bases de vos finances futures.

Profitez au maximum des opportunités qui se présentent à vous.

Vous pouvez découvrir des opportunités d'investir dans une entreprise et d'augmenter vos revenus, ou vous pourriez apprendre à propos d'un événement joyeux, comme une offre de vacances fantastique. Un ami pourrait vous informer sur une opportunité commerciale incroyable ou des vacances de rêve qui n'arrivent qu'une fois dans une vie. Il peut être frustrant de ne pas pouvoir saisir ces opportunités immédiatement en raison de limitations financières.
Bénéficiez d'un taux d'intérêt plus bas. Votre cote de crédit peut être un indicateur fort de votre capacité à gérer votre argent. Le score le plus élevé

montre que votre endettement global est gérable et que vous payez vos obligations à temps. Une cote de crédit plus élevée pourrait entraîner plus d'économies financières et des taux d'intérêt plus bas sur les cartes de crédit, les hypothèques, les prêts auto, et même l'assurance auto. Vous pourrez même vous vanter auprès de vos amis de votre excellente cote de crédit lors de soirées.

Les niveaux de conflit et de stress peuvent tous deux être réduits. Effectuer des paiements de factures à temps peut être rassurant. En revanche, ne pas payer vos factures à temps peut être stressant et avoir des effets négatifs, comme la coupure de l'eau et du gaz. Être sans emploi jusqu'à votre prochain salaire peut être très stressant et tendu dans une relation. Selon les experts, le stress est lié à des conditions telles que l'hypertension, l'insomnie et les maux de tête. Vous pourriez vous sentir plus à l'aise si vous savez comment gérer vos finances pour avoir de l'argent supplémentaire et économiser. Vous aurez une vie sans anxiété.

Augmentez vos revenus. Votre planification financière devra inclure où investir l'argent supplémentaire lorsque votre salaire augmente, en plus de combien vous devriez dépenser pour les dépenses mensuelles. Il pourrait être possible de gagner plus d'argent en investissant dans divers actifs, tels que des actions et des fonds communs de placement, plutôt qu'en plaçant simplement votre argent dans un compte d'épargne bancaire. En revanche, certaines entreprises, y compris les casinos offshore, ne sont pas considérées comme des opportunités d'investissement souhaitables. La possibilité de travailler et de recevoir un revenu mensuel pendant que vos actifs génèrent des revenus supplémentaires est l'un des aspects les plus séduisants de la propriété d'actifs.

Chapitre Sept

Outils nécessaires Pour entrer sur le marché des valeurs mobilières où vous souhaitez faire du day trading, comme la bourse, vous aurez besoin d'un courtier fiable. Gardez à l'esprit que votre courtier doit être exceptionnel, il ne peut pas simplement être bon. Pourquoi ? Parce que vous ne pouvez pas accéder directement à la bourse ou à d'autres marchés financiers, vous devrez donc engager un courtier. Si votre courtier prend trop de temps pour exécuter votre ordre à votre prix cible ou si son système est sujet à des erreurs fréquentes, vous pouvez quand même perdre de l'argent dans vos transactions même si vous avez correctement sélectionné vos SIP. Cela pourrait être difficile car il y a tellement de courtiers parmi lesquels choisir. Certains demandent des frais très bas mais offrent un service médiocre, tandis que d'autres facturent des frais élevés mais offrent un service excellent. Pire encore, certains sont à la fois chers et inutiles ! Pour votre commodité, je fournirai une liste de courtiers vraiment exceptionnels dans l'annexe à la fin de ce livre pour vous aider à restreindre vos choix à des courtiers de qualité. Un certain niveau d'avoirs est requis. La Securities and Exchange Commission (SEC) et la Financial Industry Regulatory Authority (FINRA) ont toutes deux des règles qui s'appliquent aux day traders (FINRA). Ils désignent quiconque peut faire du day trading avec des sociétés de courtage en actions aux États-Unis comme des "pattern day traders". Les personnes qui ont initié et clôturé des transactions le même jour au moins quatre fois au cours des cinq derniers jours ouvrables précédents sont considérées comme des pattern day traders. La SEC et la FINRA stipulent toutes deux que les pattern day traders doivent avoir un niveau d'avoirs minimum de 25 000 $ dans leur compte de courtage avant de pouvoir se livrer au day trading. Les courtiers sont tenus d'interdire aux pattern day traders de faire d'autres transactions de day trading jusqu'à ce que leur avoirs aient augmenté à au moins 25 000 $ lorsqu'il tombe en dessous de ce niveau pour quelque raison que ce soit. De nombreux day traders débutants voient cette restriction comme un obstacle au succès du day trading plutôt que comme une précaution contre les catastrophes du day trading, en particulier ceux qui ont moins de capital que ce montant. Ils ignorent qu'elle est conçue pour les empêcher de prendre des risques excessifs dans le day trading qui pourraient facilement faire perdre leurs fonds de trading en raison des commissions et des frais facturés par leurs courtiers. Bien que la loi exige que cette norme soit respectée, de nombreux courtiers et négociants peuvent définir plus étroitement le terme "pattern day trader" lorsqu'ils traitent avec eux. Il est essentiel de clarifier cette exigence minimale d'avoirs avec votre courtier choisi afin d'éviter toute confusion ultérieure. Si vous ne pouvez pas atteindre le minimum de 25 000 $ d'avoirs requis pour le day trading, vous pouvez trader avec un courtier offshore. Une société de courtage qui opère en dehors des

États-Unis est Capital Markets Elite Group Limited, qui a son siège à Trinité-et-Tobago. Ces courtiers opèrent en dehors du champ d'application de la FINRA, donc la régulation du pattern day trader ne s'applique pas à eux. Cela signifie que le montant minimum de paiement n'est pas le même pour vous. Les deux catégories de courtiers sont les courtiers d'accès direct et les courtiers traditionnels. Généralement, les courtiers traditionnels utilisent un type de système de traitement des ordres préarrangé pour rediriger les ordres de leurs clients, y compris les vôtres, vers d'autres sociétés. En conséquence, l'exécution de vos ordres par l'intermédiaire de courtiers traditionnels implique de nombreuses étapes et peut prendre un certain temps. Et la rapidité est tout quand il s'agit de day trading. Parce que les courtiers traditionnels fournissent généralement d'autres services à leurs clients, tels que la recherche de marché et le conseil financier, on les appelle parfois des courtiers à service complet. En raison de ces "extras", leurs commissions et frais sont parfois beaucoup plus élevés que ceux des courtiers d'accès direct. Étant donné qu'ils se préoccupent moins de la rapidité d'exécution des transactions que les day traders, les investisseurs à long terme et les swing traders profitent de l'utilisation de courtiers traditionnels ou à service complet. Comparés aux courtiers à service complet ou traditionnels, les courtiers d'accès direct donnent la priorité à la rapidité d'exécution des transactions par rapport aux services de recherche et de conseil. Étant donné qu'ils renoncent souvent aux services supplémentaires au profit d'un accès rapide et facile au marché boursier, ils offrent également des frais et des coûts réduits. Ainsi, beaucoup d'entre eux sont devenus connus sous le nom de "courtiers à escompte". Pour fournir à leurs clients des plates-formes en ligne qui leur permettent de trader directement sur le marché boursier, que ce soit sur le NASDAQ ou le NYSE, les courtiers d'accès direct utilisent des systèmes informatiques très complexes. Bien qu'ils offrent les vitesses d'exécution de transaction nécessaires pour le day trading, ils ne sont pas parfaits et présentent plusieurs inconvénients. L'un de ces défis est la mise en place de restrictions de volume de transactions mensuelles. Si vous ne répondez pas à leur volume de transactions mensuel requis, qui sert généralement de commission mensuelle minimale de votre compte et de tous les autres comptes de leurs clients, ils vous factureront des frais d'inactivité. Tous les services de courtage abordables n'appliquent pas de frais d'inactivité. Un autre problème auquel les courtiers d'accès direct sont confrontés est le manque de connaissance des day traders débutants sur le trading d'accès direct. Avec les courtiers traditionnels, un trader novice n'a qu'à fournir les détails de ses ordres à son courtier, qui se chargera ensuite de toutes les étapes nécessaires pour exécuter ces ordres sur le marché. Avec les courtiers d'accès direct, le day trader utilise la plate-forme internet ou le logiciel du courtier pour effectuer les ordres. Pour les nouveaux day traders, cela peut être difficile car en plus de choisir leurs SIP, ils doivent également savoir comment exécuter correctement leurs ordres sur la plate-forme. Les day traders débutants sont susceptibles d'avoir une expérience préalable du trading d'accès direct, cependant, car le day trading est une forme plus compliquée du trading boursier. La plateforme de trading. Une plateforme de trading est le programme informatique ou le logiciel que vous utiliserez pour faire du day trading. Beaucoup de traders confondent cela avec un courtier d'accès direct même s'ils sont différents. Vos ordres seront envoyés à la bourse par le biais de l'interface de trading, où le courtier d'accès direct les effacera en votre nom. Il est très rare que ces entreprises créent et fournissent à leurs clients leurs propres plates-formes de trading propriétaires pour trader des actions sur la bourse, bien que cela ne soit pas aussi rare que pour les courtiers d'accès direct. Le nombre et le type de fonctionnalités de plateforme de trading que les courtiers d'accès direct fournissent à leurs clients affectent le coût de leurs services. Une plateforme offre plus de fonctionnalités lorsque les commissions et frais sont plus élevés, et vice versa. L'une des fonctionnalités les plus importantes à rechercher dans une plateforme de trading est les raccourcis clavier. Si vous ne les avez pas, vous pourriez ne pas être en mesure de conclure des accords assez rapidement pour les rendre rentables. Être une seconde ou deux en retard pourrait faire la différence entre prendre et clôturer des positions aux meilleurs prix et manquer des opportunités de day trading rentables, car le day trading est concentré sur des actions à forte volatilité. Mises à jour en temps réel des informations sur le marché Les day traders ont besoin de données en temps réel au fur et à mesure de la journée de trading, car ils doivent rejoindre et sortir de positions dans des délais d'heures, de minutes, voire de secondes, contrairement aux swing traders et aux investisseurs à long terme qui n'ont besoin que de données de prix de fin de journée disponibles en ligne. Malheureusement, les données de prix intraday en temps réel ne sont pas gratuites ; vous devez payer des frais mensuels à votre courtier d'accès direct ou au propriétaire de la plateforme (s'ils sont des entités distinctes de la société de courtage). Demandez à votre courtier d'accès direct combien vous coûtera un abonnement mensuel aux données de day trading en temps réel.

En tant que day trader, vous devrez prêter une attention particulière à deux des types de données les plus fondamentaux : les prix d'achat et de vente. Les prix d'achat représentent les sommes que d'autres traders et investisseurs sont prêts à dépenser pour une certaine action. Les prix auxquels d'autres traders et investisseurs sont prêts à vendre une action sont appelés les "prix de vente" ou "ask prices".

L'ordre des prix d'achat et de vente est établi de telle manière que le prix le plus élevé apparaît en premier. Le prix le plus élevé auquel les acheteurs sont prêts à effectuer un achat, ou le prix d'achat le plus élevé, est le meilleur prix pour les vendeurs. C'est le meilleur prix aux yeux du client. Les prix d'achat et de vente montrent également combien d'actions d'autres traders et investisseurs sont prêts à acheter ou vendre à des niveaux particuliers.

Les prix de vente sont souvent listés à droite, tandis que les prix d'achat sont généralement placés à gauche, plaçant les meilleurs prix d'achat et de vente côte à côte. Si vous souhaitez remplir vos ordres d'achat immédiatement maintenant, vous "achetez" au prix de vente le plus élevé demandé. Si vous souhaitez remplir vos ordres de vente aujourd'hui, vendez au prix de vente le plus élevé.

Ordres de Day Trading Les trois types les plus courants d'ordres de day trading sont les ordres au marché, les ordres à cours limité et les ordres à cours limité exécutable.

Les ordres au marché sont ceux qui sont passés immédiatement dans le but d'acheter ou de vendre des actions au prix actuel du marché. N'oubliez pas que ces termes font référence à effectuer un achat au meilleur prix d'achat actuel ou une vente au meilleur prix de vente actuel.

En fonction des conditions du marché et

des variations de prix ultérieures au cours de la journée, les ordres au marché peuvent être les pires ou les meilleurs prix pour effectuer des transactions. Si vous soumettez un ordre au marché de vente lorsque la fourchette d'achat-vente est de 1,00 $ à 1,05 $ et que la fourchette a changé à 0,95 $ à 1,01 $ au moment où votre ordre atteint le marché, votre ordre de vente sera exécuté à 0,95 $. Dans ce cas, les gains de la vente sont réduits d'au moins cinq cents multipliés par la quantité d'actions vendues.

Considérez le placement d'un ordre au marché d'achat à 1,10 $ à 1,15 $ lorsque les taux d'achat-vente sont maintenant de 1,10 $ à 1,15 $. Les prix d'achat-vente sont passés à 1,12 $ à 1,17 $ au moment où votre ordre au marché est exécuté, vous coûtant 0,02 $ de plus par action de cette action.

Seuls les market makers et les traders expérimentés avec une grande connaissance et expérience du day trading peuvent tirer parti de l'utilisation d'ordres au marché. Les day traders individuels comme vous et moi devraient essayer de se tenir éloignés autant que possible des ordres au marché. Pourquoi ?

Sélections d'actions et scanners de listes de surveillance Étant donné qu'il y a des centaines d'actions éligibles au day trading chaque jour de bourse, il est difficile de balayer manuellement le marché pour trouver des SIPs assez rapidement pour effectuer des day trades opportuns. Vous devez utiliser des outils de balayage du marché afin de concentrer vos choix de day trading.

Chapitre Huit

Avoir une mentalité gagnante Dédication La sagesse conventionnelle veut que tout ce qui est complexe, comme le day trading, nécessite 10 000 heures de pratique pour vraiment le maîtriser. À huit heures par jour, cela équivaut à environ 3,5 ans. En d'autres termes, maîtriser le day trading ressemble plus à un marathon qu'à un sprint.

Vous serez un apprenant toute votre vie. Les meilleurs day traders sont ceux qui comprennent que de nouvelles stratégies améliorées sont toujours en train d'être créées, pas ceux qui pensent avoir tout entendu auparavant. Parce qu'ils sont toujours à la recherche des derniers développements en matière de théorie et de stratégie, les vrais professionnels peuvent être distingués des amateurs ordinaires qui ne pourront jamais trader à plein temps. Même les recherches datant de sept jours peuvent être complètement obsolètes en raison des mouvements quotidiens des marchés. Ne limitez pas votre potentiel de gains ; au contraire, décidez chaque jour de l'améliorer. Gardez à l'esprit que vous devez étudier si vous voulez gagner de l'argent.

Intuitif. Les traders intelligents ne se préoccupent pas de ce que les autres pensent ou font lorsqu'ils effectuent des transactions en dehors du courant dominant ; au contraire, ils font leurs propres recherches et ont confiance en eux-mêmes. Les meilleurs succès sont obtenus en allant à contre-courant, et c'est ce qui distingue les gagne-petit ordinaires des gagneurs extraordinaires. Trouver de bonnes affaires et éviter les moutons qui suivent aveuglément de mauvais conseils peuvent tous deux être facilités en comprenant la différence entre le battage médiatique et les faits concrets. Si vous avez peur de suivre votre instinct, étudiez davantage et commencez avec de petites transactions ; le succès précoce améliorera votre confiance en vous et vos résultats à long terme. Ayez confiance en vos compétences, et le succès viendra.

Ne soyez jamais impréparé. Les traders les plus performants sont ceux qui ont un plan clair et savent comment s'y tenir quoi qu'il arrive. Cela ne signifie pas suivre aveuglément une stratégie qui ne donne pas les résultats escomptés, mais cela signifie planifier chaque jour à l'avance et avoir une idée claire de ce que vous recherchez dans les transactions que vous poursuivez. Il est important de suivre cette technique car il est trop facile pour les traders, même les professionnels chevronnés, de laisser leurs émotions influencer des décisions prises sans délibération préalable. Votre performance de trading quotidienne sera améliorée par votre capacité à gérer vos émotions.

Conscient de soi. Les grands traders sont aussi familiers avec eux-mêmes qu'avec leurs marchés préférés. Cela leur permet de tirer le meilleur parti de leurs avantages tout en étant conscients de leurs faiblesses et de savoir comment atténuer l'impact de celles-ci au cours du trading quotidien. Connaître vos faiblesses vous aidera à gérer le risque aussi efficacement que possible, produisant des rendements excellents de manière constante.

Décisif. Les meilleurs traders sont ceux qui peuvent non seulement faire leurs devoirs et être prêts à l'avance, mais aussi agir lorsque le moment est parfait. Le marché peut changer en quelques secondes, et la capacité de saisir une opportunité lorsqu'elle est à son apogée peut faire ou défaire un profit important. Il ne s'agit pas de chance ou d'instinct, mais d'interpréter de nouvelles informations et de choisir la meilleure action à ce moment précis.

Auto-motivé. Les meilleurs traders sont ceux qui sont motivés par un véritable désir de réussite dans tout ce qu'ils font plutôt que par un patron qui les observe de près ou par un retard de factures dans le courrier. Vous ne pourrez pas vous engager à préparer correctement les transactions et à trader avec la discipline nécessaire pour passer d'excellent à exceptionnel, à moins de mobiliser votre propre passion pour réussir. Les meilleurs day traders sont conscients de leur appétit pour le risque et n'investissent jamais plus qu'ils ne peuvent se permettre de perdre. Les pertes sont inévitables pour les traders, car aucun trader ne peut avoir raison à chaque fois. Ce fait seul signifie que vous devez être dans une position financièrement assez solide pour qu'une transaction échouée ne vous plonge pas dans une spirale, entraînant plusieurs transactions perdantes et un capital gaspillé. Gardez une distance émotionnelle entre vous et les transactions afin de pouvoir toujours écouter la raison et garder l'émotion hors de la conversation. Mesuré. Les traders expérimentés savent que prendre des décisions hâtives sans y réfléchir suffisamment est la pire chose que vous puissiez faire. Votre objectif devrait toujours être de prendre des décisions qui sont proactives plutôt que réactives. Comprenez toutes les issues possibles d'un événement particulier et ce que vous ferez dans chaque cas.

Conclusion

En tant que trader à temps plein, vous n'avez d'obligations envers personne. Vous avez vous seul à qui répondre en tant que travailleur indépendant. Vous ne travaillez pas pour un employeur autocratique qui vous observe depuis sa fenêtre de bureau pour voir si vous travaillez. Quand vous êtes malade, vous pourriez décider de rester au lit toute la journée. La merveilleuse partie du day trading est que vous pouvez créer une approche de trading personnalisée qui correspond à votre tempérament, votre personnalité et votre mode de vie. Lorsque le marché devient trop turbulent à gérer, prenez un jour de congé et accomplissez toutes les tâches inachevées, y compris les tâches ménagères, la cuisine ou les visites en famille ou entre amis. Vous pouvez utiliser l'argent que vous avez économisé en évitant un marché dangereux pour vos enfants, vos courses ou vos achats. La meilleure chose à propos de l'utilisation du day trading comme méthode de gains d'argent est qu'elle ne nécessite pas de diplôme ou de connaissances spécialisées. Avant de vous proclamer prêt pour le trading actif, vous devrez absorber beaucoup d'informations, mais il n'y a pas besoin de certification. Il existe plusieurs ressources gratuites sur Internet qui pourraient vous aider dans votre quête pour accroître votre culture financière. Vous pouvez vous y inscrire. La meilleure approche est de faire à la fois des recherches sur Internet et de lire un bon livre. Le day trading vous offre également la flexibilité de travailler depuis chez vous. Tout en dégustant votre café, vous travaillez depuis le confort de votre domicile. Vous n'avez besoin de l'approbation de personne pour effectuer vos transactions. Vous êtes responsable de la manière dont la transaction est exécutée ainsi que de tout profit réalisé. L'un des avantages les plus attrayants d'être day trader est la possibilité de bien dormir. À la fin de la journée, toutes vos transactions sont terminées. Il n'y a aucun risque de perte financière pendant la nuit. Il n'y a aucune chance que pendant que vous êtes dans la vallée des rêves, la valeur de vos actions chute à zéro. Le day trading vous offre plus de contrôle sur votre organisation de trading et plus de certitude quant aux profits. Si tout s'est bien passé pendant la journée et que vous avez gagné assez d'argent, vous pouvez dormir tranquille la nuit.

www.ingramcontent.com/pod-product-compliance
Lightning Source LLC
Chambersburg PA
CBHW060048260726

48658CB00004B/1230